생각이 바뀌다
습관이 바뀌다

생각이 바뀌다 습관이 바뀌다
교정 영어 14일의 홈트

2020년 9월 28일 초판 1쇄 발행
2020년 11월 3일 초판 2쇄 발행

지은이 · 한숙종스텔라
펴낸이 · 한숙종
펴낸곳 · UR Books
주소 · 서울시 강남구 강남대로 502 에임하이타워 5층 유알라운지
전화 · 02-6082-3262
팩스 · 0504-156-4210
이메일 · urlounge1409@naver.com
출판등록 · 2020년 8월 4일 (제 2020-000206호)

ⓒ한숙종 2020
ISBN 979-11-971823-0-3

이 도서의 국립중앙도서관 출판예정도서목록(CIP)은 서지정보유통지원시스템 홈페이지(http://seoji.nl.go.kr)와 국가자료종합목록 구축시스템(http://kolis-net.nl.go.kr)에서 이용하실 수 있습니다. (CIP제어번호: 2020040468)

CHANGING ENGLISH HABITS

생각이 바뀌다
습관이 바뀌다

교정영어 14일의 홈트

한숙종 스텔라 지음

UR
Books

프롤로그

"스텔라, '교정 영어 14일의 홈트' 영어 문장들 모두 확인했고
요. 크게 문법적으로 문제 되는 부분들은 없었어요. 원어민 감수
받고 마무리하시면 되겠어요."

"감사합니다. 쌤! 덕분에 맘 편히 출판할 수 있겠어요. 원어민
감수는, 고민해보겠습니다. 책 나오면 연락드릴게요."

'교정 영어 14일의 홈트' 원고를 마무리하고 EBS 수능강사이자
영문법의 베테랑인 미나 선생님에게 감수를 받았다. 영어 문장에
문법적인 오류는 없다고 했지만, 작은 어색함도 없는 완벽한 문장
을 위해 원어민 감수를 제안했다. 하지만 나는 더 이상의 감수 없
이 원고를 마무리했다. 무엇보다 이 '교정 영어'는 교과서에 나오
는 **'오류 없는 완벽한 영어'**가 아닌, 실전에서 원어민과 소통하는

데 **'문제없는 영어'**를 있는 그대로 보여주고 싶었기 때문이다.

영국 유학 시절이 떠오른다. 내가 한국에서 배웠던 영어와 달라, 수개월 동안 현지인들과 의사소통하기 어려웠다. 그러나 뜻밖에도, 귀국 전 환송 파티에서 만난 영국인 줄리가 내게 물었다.

"스텔라는 영국 어느 지역 출신이야?"

"나? 한국에서 왔는데."

"한국에서 왔다고? 그런데 영국 영어를 그렇게 잘해?"

"아, 영국 영어 배우느라 그동안 엄청 고생했지. 그런데 내 말 잘 알아듣겠어?"

"그럼. 알아듣다 뿐이겠어. 나는 네가 영국 어느 지역 출신인지 궁금했을 정도야."

"정말? 그동안 영국 와서 말이 안 통했던 설움이 다 씻기는 기분이야."

외국에서 살아본 적이 없는 내가 원어민들처럼 완벽한 영어를 말하는 것은 쉽지 않았다. 하지만 신기한 건 이런 완벽하지 않은 나의 영어를 바라보는 원어민들의 시선이었다.

그들은 '내가 얼마나 완벽한 영어'를 말하는지보다, 내가 하고 싶은 말을 '얼마나 잘 전달하는지'에 더 관심을 가졌다. 이런 관점에서 영국인 줄리에게 '하고 싶은 말을 영어로 거침없이 전달하는 나'는 '영국 출신의 아시아인'으로 비쳤던 것이다.

나는 영어를 전공하고, 영어로 듣고 말하는 법을 트레이닝하는 교정 영어강사다. 중학교 때 영어를 처음 접한 이후로 지금까지 한 번도 '어떻게 해야 영어로 완벽하게 말할 수 있을까?'를 고민해 본 적이 없다.

그보다 '어떻게 해야 내가 하고 싶은 말을 더 잘 전달할 수 있을까?'를 고민했다. 교정 영어 역시 '정답 영어'가 아닌 '의사소통에 필요한 영어'에 중점을 둔다.

대부분의 사람들은 영어강사인 나에게 **'100점짜리 완벽한 영어'**를 기대한다. 그러나 교정 영어강사로서 **'소통을 하기 위해 크게 문제가 되지 않는 영어'**를 이 책에 담으려 노력했다. 때로는 예문들이 조금 어색할 수는 있다. 그럼에도 이 문장들은 외국인에게 나의 의사를 전달하는데 전혀 문제가 되지 않는다.

교과서의 '정답 영어를 말하기 위해 무엇을 알아야 하는가?'를 생각할 것이 아니라, 내가 지금 '무슨 이야기를 영어로 말하려고 하는지'에 대해 초점을 맞춰보자.

커피숍에 간 혜성이, 민서, 보화. 셋 모두 마음에 쏙 드는 커피숍을 발견해 잔뜩 신이 났다.

혜성: 이 커피숍 너무 좋지 않니?

민서: 맞아. 여기 아주 좋아.

보화: 그래. 여기 완전 우리 스타일이야. 다음에 또 오자.

이 상황을 영어로 한번 말해보자.

혜성: I like this coffee shop because it is very good.

민서: Yes, that's right! It looks very good.

보화: Yes, this coffee shop is perfect our style, let's visit here again.

이들의 대화를 듣고 있던 옆 테이블의 존의 머릿속에는 물음표만 백만 개다. 무엇이, 왜 좋다는 것인지 알 수 없어서 아리송한 표정이다.

rich coffee, soft cream, and coffee of her taste?

'커피 향이 진하고 부드러운 크림이 있어서 내 취향에 맞는다'는 건가?

quiet atmosphere, calm music, and relaxed feeling?

'조용한 분위기의 잔잔한 음악, 여유로운 느낌이 든다'는 건가?

존으로서는 저들은 도대체 어떤 포인트를 서로 공감하며 좋아하는지 이해하기 어렵다.

　외국인들과 대화를 나누다 보면, 외국인들은 어떻게 구체적이고 명확하게 이야기하는지 궁금해질 때가 많다.

　사실 이유는 분명하다.
　'나'의 기준에서 '내가 어떻게 느끼는지'에 초점을 맞추는 우리와 각각의 **'상황에 어떤 요소들이 있는가'**에 중점을 두는 영어권 사람들의 접근 방식의 차이 때문이다.
　이렇게 영어 원어민들처럼 생각할 수 있을 때 우리는 **Native English**(네이티브 잉글리쉬, 현지 영어)에 한 걸음 가까워질 수 있다.

하지만 막상 영어로 말을 하려고 보면 어휘도 약하고, 영문법도 약해서 입이 안 떨어지는 것이 현실이다.

아무래도 기초가 약한 것 같아 서점에 들러 영문법과 어휘 책을 한 권씩 사서 오늘부터 조금씩 공부하기로 한다. 발음도 좋지 않으니 유명한 미국 드라마를 보며 따라 말해보려고도 한다.

한 달 두 달 꾸준히 공부해보건만, 도대체 실력이 느는 것 같지 않다. 내가 제대로 공부하고 있는지 확신도 없다.

그래, 이왕 시작한 거 열심히 해볼 생각에 새로운 영어 공부법 관련 책도 한 권 더 구매하고 영어 원어민 수업도 같이 듣기로 한다. 이렇게 문법 공부, 어휘 암기, 미국 드라마 따라 하기, 외국인 선생님과 회화하기 등 많은 노력을 기울인다. 그러나 정작 내 영어 말하기 실력은 매년 같은 쳇바퀴를 돌고 있는 느낌이다.

이런 쳇바퀴가 바로 교정 영어 코칭으로 만난 대부분의 학생들이 고민하는 부분이다. 우리는 지금까지 성취도를 평가하기 위한 교과목의 영어를 배웠다. 이러한 기준으로 내 영어 말하기 실력을 평가했다. 그렇다. 우리는 어떻게 해야 영어로 말을 잘할 수 있는지 배워본 적이 없다. 따라서 우리의 영어 말하기 실력이 어떠하며, 어떤 쳇바퀴를 돌고 있는지 명쾌하게 알기 어렵다.

Konglish(콩글리쉬, 한국식 영어)가 아닌, Native English(네이티브 잉글리쉬, 현지 영어)를 말하려면 **그들이 어떤 방식으로 생각하고 말하는지** 이해해야 한다. 또한, **어떻게 해야 영어로 말을 잘할 수 있는지** 알아야 한다.

교정 영어는 원어민들이 생각하는 방식을 이해하고, 이를 나의 방식과 구체적으로 비교한다. 또한 '영어로 말을 잘하는 사람들의 습관'을 나의 습관과 비교해, 그 차이를 구체적인 방법을 활용하여 좁힌다.

교정 영어는 이런 '생각 근육'과 '습관 근육'을 기를 수 있는 테크닉을 14일 차의 과정으로 제시한다. 이 근육을 탄탄하게 만들어 **언제라도 혼자 영어공부할 수 있는 힘**을 기르자.

처음에는 14일의 테크닉이 힘들 수 있다. 그렇다면 나와 크게 다르지 않은 생각이나 습관에 초점을 맞춰, 그 부분의 근육부터 트레이닝해 보자. 나와 다른 원어민의 생각, 영어로 말을 잘하는 사람들의 습관을 발견하는 것부터 연습해 본다면, 즐겁게 시작할 수 있게 된다.

목
차

제2장
Changing English Mindset
영어의 '생각'이 바뀌다!

제3장
Changing English Habits
영어의 '습관'이 바뀌다!

제4장
Changing English 14 Days' Home T.
교정 영어 14일의 홈트

제1장

교정 영어 홈 트레이닝

Changing English Home Training

생각이 바뀌다

"위이이잉, 위이이잉…."

핸드폰 진동 소리가 요란하게 울린다.

"네, 유알라운지 스텔라입니다."

"안녕하세요. 동민이라고 합니다. 다음 주에 급하게 영어 발표를 하게 되어서 연락드렸습니다."

핸드폰 너머로 들려오는, 동민 씨의 목소리가 자못 절박하다.

"따로 영어회화를 해 본 적은 없고, 학교 다닐 때 영어공부해본 게 전부예요. 지금까지 업무상 본사에 이메일 보내거나 가끔 전화 통화해본 게 고작인데… 무엇보다 제가 나이도 있고 해서 암기를 잘 못 해요. 암기 없이 영어로 말할 수 있다고 해 전화를 드렸거든요. 제가 영어로 발표하는 게, 과연 가능할까요?"

스텔라는 언제나처럼 확신에 찬 말을 건넨다.

"그럼요. 특히, 업무 관련 발표는 그 분야의 익숙한 단어를 활용하기 때문에 '어떻게 영어로 말하는지'만 감 잡으시면 충분히 발표할 수 있으세요. 그리고 정리된 내용을 반복해서 말해 보기만 한다면 문제없죠."

"그래요?"

말꼬리를 올려 묻는 동민 씨는 여전히 미심쩍은 모양이다. 스텔라는 속웃음을 지으며 다시 입을 연다.

"다만, 영어 말하기는 지금까지 학교에서 공부해본 영어나 이메일로 주고받으면서 써본 영어와는 전혀 다르죠. 따라서 영어로 생각하는 방식과 듣고 말하는 습관을 조금 바꿔주셔야 해요. 물론 생각이나 습관을 짧은 시간 안에 바꾸는 건 쉽지 않겠지만, 조금만 바뀌어도 영어로 말하는 게 금방 편하다고 느끼실 거예요."

수화기 저편에서 한동안 침묵이 흐른다. 스텔라의 확신에 비해 동민 씨는 반신반의할 것이다.

'뭐, 며칠 안에 영어로 말하는 게 편해진다고? 그게 말이 돼? 내가 지금까지 영어로 고생한 게 몇 년인데… 그래도 어쩌겠어, 암기 안 해도 된다고 하니까 지푸라기라도 잡는 심정으로 일단 해봐야지.'

스텔라는 이런 마음을 익히 알기에 덧붙인다.

"대부분 비슷한 걱정을 가지고 오시죠. 딱 하루 만에 '아! 영어 회화할 수 있겠는걸' 하십니다. 며칠 더 꾸준하게 연습하면, 한결

같이 영어가 재미있어졌다고 하신답니다. 오시기 전에 수업 방식과 후기들 꼼꼼하게 확인하십시오. 그리고 마음 편안하게 오세요. 제가 최대한 도와드리겠습니다."

"네, 선생님만 믿겠습니다. 제가 뭘 준비해 갈까요? 발표 내용을 한국말로 좀 적어갈까요?"

"아니요. 절대로, **아무것도 준비하지 마시고 다 내려놓고 와주세요.**"

동민 씨는 간절한 심정에 일단 믿어보기로 한다. 하지만 의문은 좀처럼 사라지지 않는다.

동민 씨의 첫 수업.

"메일로 보내주신 발표 내용은 잘 확인했습니다. 발표와 관련된 이야기 좀 더 해주실래요?"

스텔라의 물음에 동민씨는 심각한 낯으로 말한다.

"사실은 지난달에 미국 본사에서 사장님이 한국으로 부임해오셨거든요. 그 사장님 앞에서 올 하반기 신제품 프로젝트 전반에 대해 발표를 해야 하는 상황인데, 일종의 부장급 매니저들의 영어 실력 상견례 자리라고 보면 돼요. 이 프로젝트 영어 발표를 들어보고, 제 영어 업무 역량을 파악하려는 것 같아요."

"어떤 상황인지 이해했습니다. 정확한 메시지 전달과 함께 영어 말하기에 대한 좋은 인상을 심어 드려야겠네요. 물론 업무 역량까지 어필(appeal)할 수 있으면 더욱 좋겠군요."

"가능할까요?"

"물론이죠. 그럼 제 영어 질문에 대답해보시면서 차근히 확인해 보시죠. 갑자기 너무 어려운 질문을 드리면 긴장하실 테니 가벼운 질문부터 시작하겠어요. 가능한 만큼만 편안하게 영어로 답변해 주세요.

Could you tell me how you usually spend your time on weekends?"

"아, 주말에 주로 어떻게 시간을 보내냐고요?"

"네. 그런데 **왜 영어 질문을 한국말로 이해하시죠?**"

동민 씨는 선뜻 대답하지 못한다. 한국 사람이 한국말로 이해하는 게 당연하지 않은가, 하는 표정이다.

"제가 영어로 물어보면 머릿속에 영어가 남아있어야 하는 거 아닌가요? 저는 영어로 물어봤는데, 한국어로 해석해서 이해하면 머릿속에는 한국말만 남게 되죠. 그리고 이해한 한국말을 다시 영어로 말하려면 들은 단어가 생각나지 않아 어렵게 느껴지고요. '영어로 들어야 영어로 말할 수 있다'라는 건 너무 분명한 원리 아닐까요?"

동민 씨에게 스텔라의 지적이 당연한 듯하면서도 뭔가 아리송하게 다가온다.

"제가 다시 여쭤볼께요. 뭐라고 하는지 영어로 말씀해주세요.

Could you tell me how you usually spend your time on weekends?"

"Could you tell me how …. 음, 중간은 기억 안 나고…
weekend?"

"그럼 한국말로 다른 질문을 해볼 테니 뭐라고 했는지 말씀해주

세요. '지금부터 어제저녁에 들은 뉴스 내용을 말씀드리겠습니다'
제가 뭐라고 했죠?"

동민 씨는 여전히 아리송한 표정으로 대답한다.

"들은 뉴스를 이야기하겠다고요."

"네, 맞습니다. 그런데 조금 전의 영어와 지금 한국말을 들은 방
식이 달랐던 거 아세요? 한국말은 '들은 뉴스'라는 핵심 부분만 골
라 들으셨고, 영어는 'Could you tell me how'라는 문장의 앞부
분부터 들으셨어요."

"네, 그러네요."

**"상대방 말의 요지를 파악하려면 '문장의 앞'이 아니라, '핵심
부분'을 들어야 해요.** 그럼 아까 영어 질문을 다시 한번 듣고 뭐라
고 했는지 대답해보세요.

Could you tell me how you usually spend your time on
weekends?"

"how, you spend, weekend요."

"어떠세요? 핵심 단어만으로도 질문의 요지가 파악되나요?"

"정말, 그러네요."

"그럼 이제 사장님의 입장을 한번 생각해 보죠. 사장님도 이렇
게 **동민님의 핵심 영어 단어를 중심으로 들으면서 그 발표 내용을
이해할 거라는 거죠.** 그래서 결론은, 전하려는 메시지를 구구절절
문장이 아닌 정확한 영어 단어로 정리해야 한다는 것입니다. 자료

에 보면, '신제품의 빠른 충전 속도와 손쉬운 이동은 현대인의 니즈(needs, 욕구)를 만족한다'고 했는데, 그럼 이 메시지를 영어 단어로 담아서 말해보실까요?"

"**fast charging speed, easy movement of the new product, satisfy, needs of modern people**….

The fast charging speed and easy movement of new products satisfy the needs of modern people."

"이건 메시지를 영어 단어에 담은 게 아니라, 한국말을 영작한 것 같군요. 이걸 그대로 발표에서 말할 수 있겠어요?"

"아니요. 표현이 너무 어렵고 길어서, 암기를 해도 기억이 안 날 듯해요."

"그럼, 제가 이 메시지를 조금 더 구체적인 영어로 담아볼 테니 어떤지 한번 보세요.”

full charge, an hour (완충, 1시간)

small size, in my pants' pocket (작은 사이즈, 내 바지 주머니 안에)

city people, anywhere, anytime (도시 사람들, 언제나, 어디서나)

"단어는 더 쉽지만, 의미는 더 정확하게 이해되는 것 같아요."

“네, 맞아요. 이렇게 전하려는 메시지를 구체화하면 어려운 한국말을 영작하는 대신, 구체적인 이미지가 떠오르죠. 그리고는 이미지와 함께 영어 단어가 떠오릅니다. 그 이미지만 계속 구체화해서 기억하고 있다면, 정확한 메시지를 기억하는 것은 어렵지 않게 되지요. 그럼 이번에는 이 단어들을 활용해서 영어를 문장으로 말해보세요.”

We need an hour for full charge. (완충을 위해 1시간이 필요하다.)

The size is small, so I can carry it in my pants' pocket. (사이즈가 작아서, 바지 주머니에 들고 다닐 수 있다.)

City people can use it anywhere and anytime. (도시 사람들은 그것은 언제나 어디서나 사용할 수 있다.)

“어때요?”

“갑자기 영어로 말하는 게 굉장히 가벼워진 느낌이에요.”

“그렇죠? 이게 바로 ‘하루 만에 영어로 말하기 쉬워지는 비법’이랍니다.”

"전하려는 메시지를 이미지화해서 영어 단어로 정리'하기만 하면 된답니다. 이 비법을 이용할 경우, 하고 싶은 말을 한국말로 정리할 필요가 없어지게 되고, 그 결과 어렵게 영작해서 암기할 스크립트도 함께 사라진답니다. 내가 전하려는 메시지를 구체화된 이미지로 기억하고, 그 이미지의 구체적인 항목들을 영어 단어로 정리해두고, 이 영어 단어를 활용해서 영어로 말해 보기만 하면 되는 거죠. 그리고 이렇게 영어로 말해보는 것을 발표 전까지 반복해 연습하면 발표가 너무 쉬워지죠. 그럼 영어 발표를 위해 '한국말을 없애는 방법'대로 어제 보내주신 내용 모두를 구체적인 이미지와 영어 단어로 정리해볼까요?."

"네! 선생님!!!"

> **S전자 김**** • REC
>
> 영작을 하지 않고 외우지 않아도 된다고 해서 어떻게 진행될지 궁금했어요. 수업 딱 한 시간 만에 한글로 먼저 생각하던 방법을 교정해 주셨어요. 내가 전하려는 내용을 '내가 활용할 수 있는 영어 단어'로 먼저 생각한 후, 하나의 단어를 하나의 문장으로 만들 수 있게 해주셨어요. 막막하던 영어 스피킹이 편하게 느껴지고 자신감까지 생겼습니다.
>
> AUTO

"위이이잉, 위이이잉….."

"안녕하세요. 유알라운지 스텔라입니다."

"동민입니다. 선생님과 준비한 덕분에 영어 발표 무사히, 잘 마쳤습니다."

"와, 정말 다행이에요. 포텐셜(potential, 가능성) 팍팍 보여주셨을 거라 믿어요."

"다행히 큰 실수는 없었습니다. 그래서 말인데요, 선생님! 아무래도 업무에서 영어 비중이 늘 것 같아서 영어 공부를 다시 시작했으면 해요. 도대체 어디부터 시작해야 할지 막막하네요. 어떻게 해야 꾸준하게 영어 공부를 할 수 있을까요?"

"아, 필요하신 게 무엇인지 파악했습니다. 이제 저와 '영어 습관' 교정만 하면 되겠어요. 지난 발표 준비 때는 영어식으로 생각하는 '생각 근육'을 트레이닝한 것이었죠. 이제는 영어로 듣고 말하는 습관을 교정하면 된답니다."

"습관을 교정한다고요?"

"일종의 영어 습관 근육을 키우는 겁니다. 근육이라는 게 본래 꾸준하게 단련시키지 않으면 원래의 상태로 돌아가려고 하잖아요. 이처럼 영어공부도 습관 근육을 키워줘야 나에게 익숙한 습관이 아닌, 영어로 말을 잘하는 습관대로 듣고 말할 수 있게 된답니다. 탄탄한 복근을 가지기 위해서 매일 근육을 관리하는 것처럼 탄탄한 영어 말하기 실력을 위해서는 이런 근육 관리가 필요하죠. 지난번 수업 때 '영어를 들으면 한국말로 해석하던 습관' 기억나죠? 그런 습관을 차근차근 '영어로 말 잘하는 습관'으로 교정하고,

'습관 근육'을 기르면 앞으로 평생 주욱 영어를 즐기면서 말할 수 있게 됩니다."

"아, 그래요? 그럼 저 교정이 좀 시급한 것 같은데요. 뭐부터 하면 될까요?"

"체크 리스트를 드릴 테니 어느 부분이 부족한지 먼저 확인해보죠. 그리고 '쉽게 교정해볼 수 있거나, 조금 시급한' 부분들을 우선 연습해보면 좋아요. 근육운동처럼 쉽고 가뿐한 것부터 천천히 시작하는 거죠."

"아, 이해했습니다. 한꺼번에 모두 잘하려고 욕심내지 말고, 따라 하기 쉬운 것부터 해볼게요."

홈트 전 나의 영어 체크리스트

□ 항목 1. 나는 영어 듣기가 너무 안된다.

□ 항목 2. 나는 영어식 말하기가 너무 안된다.

□ 항목 3. 나는 영어 발음이 너무 안 좋다.

□ 항목 4. 나는 영어 문법이 너무 어렵다.

□ 항목 5. 나는 영어로 혼자 공부하는 법을 모른다.

Checklist

체크 1. 나는 영어 듣기가 너무 안된다

"이 증상을 가진 분들은 '영어 듣기 교정'이 시급 합니다. 여기서는 영어를 한국말로 해석하지 않고 영어 자체로 듣는 연습을 하시면 효과적이에요. 다음의 음원을 듣고 기억나는 영어를 말씀해 보세요."

I send a text message when I contact my friends. I sometimes use emoticons when texting. Whether I'm feeling good or sad, I can choose the right one to express my mood. In this way, my friends can make me laugh or sad with text messages including emoticons. Also, texting is perfect in quiet places like a movie theater, library or classroom. Even if it is inappropriate to make a call, I can still contact my friends.

(친구들과 연락을 할 때 나는 문자 메시지를 보냅니다. 문자 메시지를 보낼 때 가끔 이모티콘을 이용합니다. 내가 기쁘거나 슬플 때, 나의 감정을 표현할 알맞은 이모티콘을 선택할 수 있습니다. 이런 방식으로 나의 친구들이 이모티콘과 함께 메시지를 보내 나를 웃게 하거나 슬프게 할 수 있습니다. 또한, 문자 메세지는 극장이나 도서관, 교실과 같은 조용한 공간에서 하는게 제격입니다. 전화를 걸기에 적합하지 않을 때에도 친구들과 연락할 수 있습니다.)

동민 씨가 심호흡을 한 후 말한다.

"다 기억나지는 않지만, 그때 배운 대로 '**한국말 해석 없이, 문장의 앞이 아닌 핵심 부분**'을 기억해보면 다음의 단어들이 생각나네요. text message, emoticon, laugh or sad, quiet place, contact my friends"

"잘하셨어요, 지금 들으신 단위가 동민님이 '영어를 듣고 말로 활용하는 단위'라고 보면 돼요. 지금 영어를 단어로 들었기 때문에, 영어로 말할 때 이런 단어들을 조합해서 문장으로 말하게 된답니다. 그리고 **내 문장의 단위**가 단어이기 때문에, **단어로 핵심 내용을 듣고 파악**한다면 영어를 듣고 이해하기 훨씬 수월해질 거예요."

"네, 맞아요. 영어를 문장으로 듣다가 해석이 안 되면 그 뒤로는 정말 아무것도 안 들리더라고요. 조금만 긴 구문이 나와도 무슨 말인지 들리지가 않아서 엄청 답답했거든요. 일단은 **영어 단어를 들으면서 내용을 파악**하라는 거죠?"

"맞습니다. 이렇게 영어 단어를 꾸준하게 듣다 보면, 내가 말로 활용할 수 있는 어휘가 많아집니다. 또 듣기 연습을 반복할수록 한 번에 기억할 수 있는 단어의 개수도 많아지고, 이 단위가 구문으로 길어지게 된답니다. 그러면 내가 문장을 완성하는 단위가 구문이 되고, 영어 말하기는 더 수월해지는 거죠."

"아, 알겠습니다. '들을 수 있어야 말할 수 있다'고 하니 기초 단어부터 채우고, 그리고 듣는 길이를 구문으로 늘려보면 되겠네요.
다음으로 체크해 봐야 하는 부분은 뭔가요?"

K대 MBA 장**

● REC

오랜 기간 시험 영어공부로 문제를 풀 수 있는 능력은 있었지만,
배운 것을 활용해서 외국인과 대화를 나누는 실력까지는 없었
습니다. 한국어 표현을 있는 그대로 영어로 옮기다 보니, 영어를
모국어로 하는 외국인들이 알아듣지 못했었는데, 지금은 그들의
영어를 듣고, 그것을 어떻게 영어 말하기에 활용하는지 알게 되
었어요. 그래서 예전의 제 한국식 영어 표현들이 영어식으로 많
이 변화했고, 덕분에 외국인들과 더 편안하게 의사소통하게 되
었답니다.

AUTO

체크 2. 나는 영어식 말하기가 너무 안된다

"이런 분들은 '영어 말하기 교정'이 시급합니다. 다음의 방식으로 영어로 말하는 연습을 하면 효과가 있어요. 위에서 들은 핵심 내용의 단어들을 다시 한번 기억해보세요."

"text message, emoticon, laugh or sad, quiet place, contact my friends요?"

"네, 조금 전 영어 음원의 요지를 기억하면서 이 단어들을 활용해서 영어로 말해보실래요?"

"영어로 말을 해보라고요?"

"네, 영어 문장으로 말해보시면 됩니다."

동민 씨는 잠시 생각에 잠기다가 문장으로 말한다.

I send text messages to my friends.
(나는 내 친구에게 문자를 보냅니다.)

I use emoticon. (나는 이모티콘을 이용합니다.)

It can make me laugh or sad.
(그것은 나를 웃게 하거나 슬프게도 만들 수 있습니다.)

I can use it to contact my friends in quiet places.
(나는 조용한 장소에서 친구들과 연락하기 위해 이것을 사용할 수 있습니다.)

"뭐, 문장이 완벽하거나 멋진 표현은 아니지만, 일단 할 수 있는 대로 말해봤습니다."

스텔라는 동민 씨에게 잘했다고 격려한 후 말한다.

"우리가 하는 말이 완벽하지 않기 때문에, 영어 말하기 연습이 필요한 것이니, 처음부터 완벽하게 말하려고 하지 않아도 돼요. 그래야 좀 더 말을 편하게 할 수 있거든요. 하지만 이렇게 말하고 나면, 내 말과 원어민의 말을 비교해보는 것이 좋습니다."

"누가 제 문장을 좀 고쳐줬으면 좋겠더라고요."

"그럼 아까 스크립트를 보면서, 동민님과 어떻게 다르게 표현하는지 확인해보실까요?"

"I send a text message when I contact my friends.

일단 저는 use라고 하는 데, 이 사람은 send라고 하네요? contact는 저랑 똑같이 썼고요.

I sometimes use emoticons when texting.

sometimes? 아, 이 단어를 알긴 하는데 말로 활용하기 어렵네요…."

"잠시만요... **'아는데 활용하기 어려운 단어'**가 아니고, 아까 **'듣지 못해서 말로 활용하지 못하는 단어'**라고 해야 할 것 같은데요."

"듣지 못해서 말할 수 없다? 그게 맞는 것 같네요."

"네, 바로 그거예요. 그런데 이렇게 눈으로 '내가 활용하지 못하는 단어'를 확인한 다음 다시 음원을 들어보면, 신기하게 그 부분이 굉장히 강조되어 들리거든요. 그럼 음원을 반복해서 듣고 그 단어를 익숙하게 만들고 말로 활용하기만 하면 된답니다."

"아, 듣지 못해서 말로 못한다면, 보면서 소리 내 말해보고, 그리고 다시 들어서 활용해라? '들을 수 있으면 말할 수 있다!' 언어 습득의 법칙이니 영어 말하기가 느는 건 시간 문제네요."

"역시! 잘 이해하시네요. 이제 다음 부분 확인해보겠습니다."

배우 김호창

●REC

저는 그 흔한 토익을 준비한 적도 없는 평범한 예체능 전공자였습니다. 지인의 추천으로 교정 영어를 접했지만, 영어에 영자도 모르는데 교정할 게 있기는 할까, 라는 걱정이 컸던 것이 사실이었습니다. 하지만 수업이 진행될수록 그 걱정은 기우였다는 것을 알게 되었답니다. 제가 하고 싶은 것을 명확하게 하고, 이를 영어식 사고로 쉽고 가벼운 영어로 말할 수 있도록 가르쳐 주셨습니다. 지금도 질릴 틈 없이, 꾸준히 공부하며 영어와 점점 더 친해지고 있는 중이랍니다.

AUTO

체크 3. 나는 영어 발음이 너무 안 좋다

"이런 분들은 '영어 발음과 리듬 교정'이 시급합니다. 그래서 발음과 리듬을 구분해서 들어보는 것이 효과적이에요. 앞에서 확인해 본 스크립트를 한번 소리 내서 읽어보실래요?"

"제 발음이 안 좋긴 하지만, 일단 읽어보겠습니다.

I send a text message when I contact my friends.
아이 센드 어 텍스트 메쎄지 웬 아이 컨텍트 마이 프렌즈.
I sometimes use emoticons when texting.
아이 썸타임즈 유즈 이모티콘즈 웬 텍스팅."

"네, 일단 여기까지요. 제가 같은 부분을 읽어볼 테니 한번 비교해보세요.

(단어의 강세는 볼드, 문장의 억양은 화살표, 호흡은 마디, 모음의 장단은 :로 표시함)

I s**e**nd | a t**e**xt m**e**ssage | when I c**o**ntact | my fr**i**ends.
아이**쎈**드 어텍스트**메**씨지 웬아이**컨**텍트 마이프(f)렌즈.

I s**o**metimes **u:**se em**o**ticons | when t**e**xting.
아이**썸**타임즈**유:**즈이**모**티콘즈 | 웬텍스팅.

저와 동민님이 읽을 때 어떤 부분이 다른가요?"

"일단, 저는 f 발음이 잘 안 돼요."

"네, 그건 그 소리가 나는 위치를 정확히 모르셔서 그래요. 먼저 윗니를 아랫입술에 얹은 채로 바람을 불어봐요. 바람이 새어 나오죠? 그 상태로 한국말의 '프'를 발음하시면 f가 발음돼요. 그리고 또 뭐가 다른가요?"

"음… 선생님은 막 세게 읽거나 끊어 읽으면서 리드미컬한데, 저는 그냥 한 단어 한 단어 또박또박 읽기 급급했던 것 같아요."

"네, 맞아요. 사실 영어는 리듬 언어이기 때문에 다양한 요소로 그 리듬을 만든답니다. 강세, 끊어 읽는 위치, 장음과 단음 등 그 외 많은 리드미컬한 요소로 이런 리듬을 만들어낸답니다. 하지만 우리는 지금까지 영어는 '발음' 외에는 따로 배워본 적이 없어요.

비슷한 리듬 언어인 중국어 같은 경우는, 처음 배울 때부터 네 가지 음의 높낮이인 성조를 배우죠. 그리고 각 단어를 정확한 음으로 말해야 한다고 강조하죠. 리듬 언어의 경우 높낮이나 강세가 달라지면 의미가 달라지는 경우가 있기 때문에 이런 리듬이 너무 중요해진답니다."

"아, 저는 오늘 처음 들었어요. 매번 발음만 중요한 줄 알았지. 리듬적인 요소들도 알아야 한다는 건 몰랐어요. 오늘 처음 듣는 거라 어떤 리듬 요소가 있는지 모르겠네요."

"이 리듬 부분은 지금까지 영어교육에서는 중요하게 다루지 않은 부분이기 때문에, 어떤 강세나 장단 법칙이 있는지 몰랐을 거예요. 그래서 다른 부분이 조금 익숙해지고 나면 연습해보시는 걸 추천드려요. 중요하지만 생소해서 어렵게 다가올 수 있거든요."

가시고기 조창인 작가

● REC

스텔라 선생님의 교수법 중에서 가장 인상적인 부분은, 영어로 표현할 때 이미지를 먼저 끄집어내라는 거였습니다. 그간 암기된 영어 문장만으로 대화하려니 몇 마디 주고받으면 끝이었죠. 스텔라 선생님의 가르침대로 이미지를 구체적으로 떠올려 단어로 생각하고, 그 단어 중 강조하여 말하고 싶은 메시지를 강하게 말했죠. 그 결과 표현이 풍부해지면 영어의 리듬에 맞춰 말할 수 있게 되었습니다.

AUTO

체크 4. 나는 영어 문법이 너무 어렵다

"이런 증상을 가진 분들은 '영어 문법 교정'이 시급합니다."

스텔라의 말에 동민 씨가 긴 한숨을 토해낸다.

"결국 또 문법이네요? 사실은 제가 소위 말하는 '문법 때문에 영어 발목 잡힌 사람'이거든요."

"문법은 영어로 의사 전달을 정확하게 하기 위해 꼭 필요한 것은 맞습니다. 하지만 모든 것을 다 알기보다는 나에게 시급하거나 꼭 필요한 영문법을 정확히 알고 채우는 것이 더 중요해요."

"나에게 '시급한 영문법'이 있다고요? 문법은 모두 다 알아야 하는 것 아닌가요?"

"물론 오류 없이 완벽한 문장을 말하기 위해서는 모든 영문법을 알고 있어야겠죠. 그러나 '알아도 듣지 못해 활용하지 못했던 것'들을 우선적으로 채우고 회화로 활용하면 좋답니다. 조금 전 확인한 스크립트를 보면서 알고 있는 문법들을 설명해 주겠어요?"

"I send a text message when I contact my friends.에서 **when**같은 접속사는 알기는 하는데 귀로 안 들렸어요.

I sometimes use emoticons when texting.에서 **when**은 알겠는데⋯ 왜 **texting** 같은 형태가 왔는지 모르겠고,

Whether I'm feeling good or sad, I can choose the right

one to express my mood.에서

Whether도 본 적은 있는데 정확히 어떻게 활용하는지는 모르겠어요.

In this way, my friends can make me laugh or sad with text messages including emoticons.에서

make me laugh 같은 사역 동사를 좀 쓰고 싶긴 한데 그게 잘 안 되네요.

Also, texting is perfect in quiet places like a movie theater, library or classroom.에서

including과 같은 분사나, texting 같은 동명사도 들렸으면 좋겠고요.

Even if it is inappropriate to make a call, I can still contact my friends.에서는

even if 접속사나 still 같은 부사들은 익숙하지 않아서 잘 안 들리고, to make a call의 to 부정사는 영어로 말할 때 써봤으면 좋겠어요.”

“잘하셨습니다. 그런데 이 중에서 ‘눈으로 보면 알지만, 안 들린다’고 한 영문법들이 있죠? 이런 영문법들이 지금 나에게 ‘시급한 영문법’이랍니다. 이런 것들은 **눈으로 확인하고 다시 들으면 들을 수 있기 때문에, 반복해서 듣고 꼭 회화로 활용**해야 됩니다. 반면 **‘듣지도 못했고, 눈으로 봐도 모른다’**는 영문법들이 있죠? 이런 것들은 **내 말하기 수준보다 ‘높은 수준의 영문법’**으로 눈으로 확인하고 다시 들어봐도 들리지 않는답니다. 결국 들을 수 없기 때문

에 활용하기는 어려운 내용으로, 노트에 따로 정리해서 잘 기억해 두어야 해요. 그래야 나중에 다른 음원에서 그 문법이 활용될 때 들을 수 있거나 눈으로 보면서 이해할 수 있답니다. 특히, 이런 영문법을 채우면 '나의 영어 말하기 실력 향상'에 효과적이니 꼭 챙겨주셔야 해요."

"아, 모든 문법을 다 암기하고 활용하는 게 아니라, '지금 당장 활용할 수 있는 것과 없는 것을 구분해두라'는 거죠? 들을 수 있는 것만큼은 꼭 듣고 말할 수 있도록 하겠습니다. 이제 마지막 부분이네요. 빨리 확인해보죠!"

외국계 온라인 게임 R사 박** ● REC

미국 영화나 드라마를 보고 들으면서 입에 잘 붙는 구문들 위주로 공부하던 저에게 영문법은 고려의 대상이 아니었습니다. 그래서 제 영어의 취약점이 무엇인지, 이를 보완하기 위해서 무엇을 해야 할지 잘 알지 못했습니다. 하지만 교정 영어 코칭을 통해 제게 지금 꼭 필요한 영문법이 무엇인지 알고 채울 수 있었습니다. 지금은 한 단계 높은 레벨의 영문법을 배우며 영어 말하기를 욕심내고 있습니다.

AUTO

체크 5. 나는 영어로 혼자 공부하는 법을 모른다

"이 경우에는 '영어 독학 방법 교정'이 시급합니다. 그런데 이 부분은 앞장의 내용들과 긴밀하게 연결되어 있어서 가장 마지막으로 교정해보면 좋아요."

"아, 앞장의 내용들이 요약된 방법인가요?"

"네. 맞습니다. 그럼 지금까지 어떤 교정을 해보았는지 기억해 보실래요?"

"첫째, **영어 음원을 한국말로 해석하지 않고 듣고 핵심 내용을 영어로 기억**해보았어요. text message, emoticon, laugh or sad, quiet place, contact my friends와 같은 단어들이었죠.

둘째, **이 단어들을 활용해서 다음과 같이 영어로 말해보았어요.** I send text messages to my friends. I use emoticon. It can make me laugh or sad. I can use it to contact my friends in quiet places.

셋째, **이 문장들이 원문과 어떻게 다른지 비교**해 보면서, 나는 send나 sometimes 같은 표현들을 활용하지 못한다는 것도 알게 되었어요. 이어서, **강세와 장·단음 그리고 끊어 읽는 위치를 확인해서 리드미컬하게 말해야 한다는 것까지 확인**했습니다.

마지막으로 **나에게 시급한 영문법과 레벨 업에 필요한 영문법**

이 있다는 것을 확인했습니다."

"역시! 동민님은 교정 영어의 찰떡 조교로군요. 이렇게 모든 항목의 교정 영어를 확인해봤다면, 지금부터는 위의 항목을 한꺼번에 구분하면서 음원을 들으시면 돼요. '의미가 담긴 영어 단어와 그 리듬'을 듣고, 그중 나와 다르게 활용하는 표현, 그리고 안 들리는 위치들까지 한꺼번에 구분하시는 거죠."

"아, 지금 교정한 순서대로 따로따로 구분해서 듣는 게 아니라, 모든 것을 한번에 듣는다?"

"네, 우리가 원어민과 대화를 하면서 같은 말을 여러 번 들을 수 없잖아요. 원어민의 말을 들을 때 우리는 '단어, 표현, 문법, 리듬'을 한번에 구분해서 들어야 한답니다. 이렇게 구분하여 들은 영어는 내가 영어로 말할 때 활용하는 건 너무 쉬워지죠. 이 방식으로 계속해서 원어민의 음원을 듣고 따라 말해본다면 영어 말하기가 느는 건 시간 문제겠죠."

"네, 그러네요. **원어민들이 하는 말을 똑같이 듣고 똑같이 말해보는 것. 바로 제 목표**거든요."

"사실, 이렇게 원어민의 말을 듣고 똑같이 말해보는 방법이 '쉐도우 스피킹'인데요. 영어로 말을 잘하는 사람들의 영어 말하기 독학하는 방법으로 활용한답니다. 이들은 다양한 영어 음원을 들으면서, 원어민들의 다양한 표현과 활용을 듣게 되니까, 들으면 들을수록 영어로 말을 잘하게 되는 거죠. 하지만 우리는 이런 공부 방법을 몰랐거나, 잘못된 방법으로 연습했을 수 있답니다. 하지만 이제 **영어로 말을 잘하는 사람들이 어떻게 영어로 듣고 말하는지 그 방법**을 구체적으로 확인해봤으니, 매일 '쉐도우 스피킹' 하기를 목표로 삼으시고 영어 말하기 '레벨 업!'만 하면 됩니다."

"지금까지 해온 **'한국말을 영작하고 말하는 습관'** 대신, **'원어민의 영어를 듣고 활용하는 것!'** 이것이 **영어 말하기 독학 방법**이로군요. 이제는 이 방법대로 혼자서 영어 말하기 할 수 있을 것 같습니다! 영어공부에 이런 즐거움과 자신감을 채워주셔서 감사합니다, 스텔라 쌤."

┌───┐

K항공 박** ● REC

처음에는 음원을 듣고 나면 몇몇 단어로 기억나던 내용들이 좀 더 긴 구문의 형태로 들린답니다. 이 구문들을 영어로 말해보고, 이를 원문과 비교해보니 원어민이 저와 다르게 활용하는 부분이 크게 와닿아 효율적이었어요. 지금은 영어를 들을 때 그 리듬까지 들을 수 있고, 말하기도 상당히 리드미컬해졌고요. 이렇게 영어로 듣고 말하는 즐거움에 더해, 조금씩 영어 말하기 실력이 향상되는 걸 보며 영어공부를 하니 즐거워요.

AUTO

└───┘

습관이 바뀌다

나는 더 이상 영어로 말하기 위해 연필을 들고 노트를 펴지 않는다. 즐겁게 호흡할 수 있는 영어 음원을 찾아 들으면서 다음과 같은 갈증을 느낄 뿐이다.

- 나에게 어떤 새로운 단어를 전해주는지?
- 어떤 표현을 나와 다르게 활용하는지?
- 그 단어는 어떤 리듬을 가지고 있는지?
- 내가 더 채워야 할 문법은 무엇인지?

이러한 갈증이 느껴질 때마다, 이 부분들을 꼼꼼하게 채워 다음 영어 말하기에 활용한다. 그만큼 나의 영어 말하기 실력은 성장했고, 원인도 모른 채 쳇바퀴 돌던 시절은 새까맣게 잊어버리게 되었다.

그 비결은 아주 간단하다. 더 이상 영어를 이해하기 위해 한국말로 해석하지 않는다. **영어를 영어로 듣고 말로 활용하는 습관.** 어린 시절 모국어를 배우듯이 귀를 열고, 그대로 받아들이고 말하는 이 습관은 나에게 영어로 말하는 즐거움을 선사한다. 암기의 스트레스, 영작의 스트레스에서 벗어난 나는, 이제 더 이상 영어 말하기로 힘들어하지 않는다.

이것은 모두 교정 영어로 얻게 된 '생각 근육'과 '습관 근육' 덕분이다.

검색 포탈 N사 하**

• REC

"교정 영어 = 영어 PT" 교정 영어를 비유하자면 마치 퍼스널 트레이닝을 받는 것과 같다. 위험한 자세와 잘못된 습관들은 혼자 운동을 하는데 독이 된다. 교정 영어를 통해 이런 문제점들을 파악하여 올바르게 영어 근육을 붙여볼 수 있었다. 잠시, 당신이 좋아하는 음식을 생각해보자. 왜 좋아하는지 영어로 말할 수 없다면, 우리말로 해보겠는가? 낯선 질문에 몇 마디 문장으로 일목요연하게 말할 수 있는 경우는 많지 않다. 하지만 나는 교정 영어를 통해 내가 어떻게 영어를 말하는지 아니, 그보다 내가 어떤 말을 하고 싶은지에 관심을 가지게 되었다. 그래서 할 말이 더 많아지고 영어는 자연스럽게 늘어갔다. 결국 교정 영어는 내가 하고 싶은 말이 무엇인지, '나'를 찾아가는 과정이기도 했다.

AUTO

제2장

영어의 '생각'이 바뀌다!

아하~

Changing English Mindset

생각 1.
영어식 사고와 다른 내 영어는 형편없다?

(오디오 강의 바로 가기 ≫ 책의 뒷날개 QR코드)

외국인과 영어로 대화를 나누다 보면 "내 영어는 길고 장황한 데, 외국인들은 어쩜 저렇게 짧고 간결하게 말할까?"라는 생각이 들 때가 있다. 또, 어려운 문법과 어휘를 써가며 열심히 말하고 있는 나와 달리 저들은 '어떻게 어려운 단어 하나 없이' 쉽고 간결하게 말하는지 궁금해지곤 한다.

다음의 예문을 통해 이 둘의 말하기 방식을 확인해보자.

나에게 '어제 무엇을 했냐'고 묻는 미국인 친구에게, 어제 병원 다녀온 이야기를 한다.

'어제 주사를 두 대나 맞아서, 너무 아팠다'고 하는 내 말에 친구는 이렇게 맞장구를 친다.

가용: Yesterday I got two shots and I got pain too much.

레카: **I am sorry that yesterday's two shots hurt you so much.**

순간, 주사를 한 대 더 맞은 듯한 충격이 온다.

'주사가 나에게 고통을 준다고?

어… 그렇지!

두 방의 주사가, 나에게 고통을 준 게 맞네

나는, 왜 저렇게 말하지 못하지?'

나의 장황한 문장이 너무 초라해서 한숨만 나온다.

시험 성적을 잘 받은 날이다. 나는 신이 나서 '지난 시험에서 좋은 성적을 받았다'고 말한다. 나의 노력을 아는 미국인 친구는 또

맞장구를 친다.

가용: Since I studied so hard, I could get a good score on that test.

레카: **I agree with you. Your hard work gave you a good score on that test.**

'어? 내가 열심히 공부한 것이 그 점수를 주었다고? 그렇지. 내가 공부를 열심히 한 사실이 좋은 점수를 가져온 것이니, 줬다고 하는 게 맞네.'

내 말이 어딘가 틀린 것은 아니다. 하지만 대화를 나누면 나눌수록 내 영어가 점점 더 초라해 보인다. 무엇이 내 영어를 이렇게 초라하게 만드는지 그 이유는 알지 못한 채, '내 영어는 형편없어!'라는 결론을 내리고 만다.

도대체 무엇이 나와 미국인 친구의 영어를 다르게 만드는 걸까?

위 대화 속 문장들을 다시 보며 나와 영어 원어민들의 차이점을 확인해보자.

내가 활용한 문장은 다음과 같다.

"Yesterday I **got** two shots and I got pain too much."

"Since I **studied** so hard, I could get a good score on that test."

위 문장에는 공통점이 있다. 두 문장은 모두 '**나**'를 **중심으로** 말하고 있다. '**나는**' 주사를 맞았고, '**내가**' 아팠고, '**내가**' 공부를 열심히 해서, '**내가**' 좋은 성적을 받았다. 즉, 모두 '사람'을 중심으로 상황을 설명하고 있다.

반면, 원어민이 활용한 문장은 어떨까?

"I am sorry that yesterday's two shots **hurt** you so

much."

"I agree with you. Your hard work **gave** you a good score on that test."

　위 문장은 모두 **'행동'이 중심**이라는 공통점이 있다. '주사와 나' 는 '아프게 하다'라는 행동으로 설명하고, '열심히 한 노력과 좋은 성적'은 '준다'라는 행동으로 설명하고 있다.

　다시 말하면, 나는 모든 상황을 '나'를 중심으로 설명하고 있는 반면, 미국인 친구는 '행동'을 중심으로 관련 있는 요소들을 명확 하게 설명하고 있다. 이 예문만 보아도 이 둘은 전혀 다른 사고 방 식으로 말한다는 것을 알 수 있다. 이런 다른 생각의 방식을 단순 하게 '내 영어는 형편없어!'라고 결론 내릴 수는 없다. 그보다는 영 어 원어민들의 사고를 이해하려 노력해야 한다.

영어권 사람들은 **'기브 앤 테이크(Give and Take)'**라는 말을 즐겨 쓴다. 이는 '내가 주면, 받을 수 있다'는 영어권의 실리주의적 관점을 잘 보여준다. Give(기브) 앤 Take(테이크) 주고받는 이 행동은 무언가를 '만들어서(Make) 소유(Have)한다는 전제를 깔고 있다. 이렇듯 Make(만들고)와 Have(소유하고)는 '기브(Give, 주다) 앤 테이크(Take, 받다)'와 연쇄적인 반응을 가지고 있으며 이 4가지 동사는 영어식 사고를 잘 설명해 준다. 다양한 상황의 요소들을 '무엇을 만들고 소유해서, 무엇이 주고 받아지는지'의 방식으로 설명해본다면 그들의 사고 방식을 이해하기 수월하다.

행동 중심의 영어식 사고는 **'사람'을 중심으로 상황을 설명**하는 우리의 사고 방식과 근본적으로 다르다. 상황 중심의 한국어는 **'사람'**이 행동의 **주체**이고, **'사물'**은 그 행동의 **대상**이 된다. 그래서 '기브 앤 테이크(Give and Take)'라는 행동은 사람만이 할 수 있기 때문에, '주사가 나를 아프게 하고, 공부가 성적을 준다'는 방식으로 이해하고 활용하는 것은 어렵다.

다음의 몇 가지 구체적인 예로 둘의 차이점을 이해해보자.
우리나라(사물)에는 사계절(사물)이 존재한다고 생각한다. 그래서 다음과 같이 활용한다.

There are four seasons in my country.

하지만 행동 중심의 영어식 사고는 우리나라(사물)와 사계절(사물)의 관계를 설명한다.

My county **has** four seasons.

'가지다'는 동사를 중심으로, 사람이 아닌 '내 나라가 4계절을 소유한다'고 설명하기 때문에 '소유'의 주체와 대상이 좀 더 명확해진다.

또 다른 예로 둘의 차이점을 이해해보자.

'네가 15분 늦어서, 내가 공부를 15분이나 늦게 시작한다'고 말하려고 한다.

한국 사람은 '**너**'는 '늦은' 행동, '**나**'는 '시작'하는 행동의 주체이기 때문에 다음과 같이 활용한다.

As **you are** late 15 minutes, I start studying 15 minutes late.

하지만 영어권 사람들은 '너의 늦음'과 '나의 늦은 시작'의 관계를 다음과 같이 설명한다.

Your 15-minute late **gives** my 15-minute late start.

'주다'는 행동을 중심으로, '네가 15분 늦은 것'이 '나의 15분 늦은 시작'을 준다고 설명한다. 이 문장 역시 '주다'라는 행동으로 무엇이, 무엇을 주는지 명확하게 설명하고 있다. 때문에 간결한 문장으로도 그 의미를 명확하게 전달할 수 있다.

이렇듯 영어식 사고와 한국식 사고는 같은 메시지를 다른 방식으로 전달한다. 이런 사고 방식의 차이를 '틀린 것 또는 형편없는 것'으로 결론지을 수 없다. 그보다 우리는 이들의 사고 방식을 이해하고, 보다 영어스러운 영어를 활용하면 된다. '사람은 소유', '사물은 존재'라는 이분법적인 사고에서 벗어나서 'Make, Have, Give and Take'의 영어의 주요 4동사를 중심으로 그 주체와 대상을 명확하게 설명하는 영어식 영어를 활용하자.

영어식 사고 엿보기

메시지. 나 어제 그 파티 너무 즐거웠어.

'만든다'는 Make의 개념으로 관계를 설명한다.

무엇이 만드는가? the party last night

무엇을 만드는가? a lot of fun time

➡ The party last night made a lot of fun time to me.

'가진다'는 Have의 개념으로 관계를 설명한다.

무엇이 소유하는가? I

무엇을 소유하는가? a lot of fun

➡ I had a lot of fun at the party last night.

'준다'는 Give의 개념으로 관계를 설명한다.

무엇이 주는가? The party last night

무엇을 주는가? a lot of fun

무엇에게 주는가? me

➡ The party last night gave me a lot of fun.

'취한다'는 Take의 개념으로 관계를 설명한다.

무엇이 취하는가? I

무엇을 취하는가? a lot of fun time

➡ I took a lot of fun time at the party last night.

※위 문장들은 영어의 주요 4동사를 중심으로 활용했기 때문에 문장이 다소 어색할 수 있다.

본격적인 영어식 사고 연습은 '교정 영어 홈트 Day 1. 영어의 주요 4동사'에서 확인하자.

생각 2.
구체적으로 말하지 못하는 나는 영어에 소질이 없다?

(오디오 강의 바로 가기 ≫ 책의 뒷날개 QR코드)

무슨 말을 해야 할지, 또 이런 말은 어떻게 하는 건지….

영어로 말하려는 순간 머릿속이 하얘지고 꿀 먹은 벙어리처럼 입이 떨어지지 않는다. 유창하게 말하고 싶은 의욕만 충만하지 아무 말도 못 할 때마다 내 영어 실력에 실망하곤 한다. 한국말로 하고 싶은 말을 정리해보려고 해도 하고 싶은 말이 생각나지 않을 때면, 나는 영어 실력이 아닌 언어의 소질 자체가 없는 것 같다. 다음의 대화를 통해 나의 영어 실력과 언어 소질을 확인해보자.

스텔라: Today we are talking about 'the importance of the house'. Please let me know why you think it is important to you and your family.

(오늘은 '집'의 중요성에 대해 이야기해보겠어요. 당신과 당신 가족에게 집이 왜 중요한지 말해주세요.)

민석: I think the house is very important because I can live with my family happily in the house. We love our house. That's why I agree that the house is very important.

(저는 집이 매우 중요하다고 생각합니다. 왜냐하면 우리 가족과 함께 집에서 행복하게 살 수 있기 때문입니다. 우리는 우리 집을 사랑합니다. 이러한 이유로 집은 매우 중요하다는 것에 동의합니다.)

스텔라: Well, let's think about your idea. You said the house is very important because you can live with your family happily in the house. But I don't know what makes you happy.

(자, 당신의 아이디어에 대해 한번 생각해봅시다. 당신은 그 중요성을 당신이 가족과 함께 집에서 행복하게 살 수 있기 때문이라고 했습니다. 그런데, 저는 어떻게 가족들이 행복한지 모르겠어요.)

민석 : That is …. (그건….)

이때 미국인 로이가 자신의 생각을 이야기한다.

로이: In my opinion, the house is important to my family and me. For my family, this is where you can gather together after work and school. We usually have dinner with lots of conversations in the house. We share our daily life and our thoughts during the conversation. After this we can understand each other very well. Especially for me, the house helps me run my own business. Since my room is used as an office, I can do lots of works without an office in an office building. That's why I can say the house is very important.

(제 생각에 집은 제 가족과 저에게 중요합니다. 우리 가족에게 이곳은 일과 학교가 끝난 후 함께 모일 수 있는 곳입니다. 우리는 보통 집에서 많은 대화를 나누며 저녁을 먹습니다. 우리는 대화를 통해 우리의 일상과 생각도 공유합니다. 이후 우리는 서로를 아주 잘 이해합니다. 특히 저에게 집은 제가 사업을 운영하는 데 도움이 됩니다. 제 방이 사무실로 사용되기 때문에 특별한 사무실 없이도 많은 일을 할 수 있습니다. 그래서 집은 매우 중요합니다.)

위의 대화에서 민석은 '집이 중요한 이유'를 '행복한 곳이기 때문'이라고 했다. 하지만 어떤 점이 어떻게 행복한지에 대해 구체적으로 설명하지 못하고 있다. 어찌 보면, '집은 행복한 곳이다'라는 정형화된 답을 말하는 것처럼 보이기도 하다.

반면, 로이는 '가족에게는 함께 모여 저녁을 먹고 대화를 나누며 서로를 이해할 수 있는 공간이기 때문이며, 개인적으로는 회사를 운영하는 사무실로 쓰기 때문에 중요하다'라고 구체적으로 설명했다.

나도 이 주제에 대해 민석처럼 구체적으로 정리되지 않은 생각을 영어로 말하지 않는가?

사실 민석뿐만이 아니라 지금까지 교정 영어수업에서 만났던 대부분의 학생들은 이렇게 '자신의 생각을 구체적으로 말하는 것'을 어려워했다. 그 원인과 이유는 두 측면에서 찾을 수 있다. 첫째, '우리는 지금까지 무엇을 왜 그렇게 생각하는지?'에 대해 나의 생각을 이야기해볼 기회가 많지 않았다. 둘째, 상황에 접근하는 방식이 영어권 사람들의 방식과 다르기 때문이다.

다음의 두 실험을 통해 이를 확인해보자.

첫 번째 실험.

호랑이, 판다, 대나무가 있다. 이를 나만의 기준으로 분류해보자.

그룹 1. **판다 & 대나무** VS. 호랑이

이 경우는 '판다는 대나무 잎을 먹는다'는 관계 기반으로 사물을 분류했다. 이는 대부분의 한국 사람들의 분류 결과와 같다.

그룹 2. **호랑이 & 판다** VS. 대나무

이 경우는 '호랑이와 판다는 같은 동물이고 대나무는 식물이다' 라는 개별 요소의 특징으로 사물을 분류했다. 이는 대부분의 영어권 사람들의 분류 방식이다.

두 번째 실험.

두 그림에서 중앙의 주인공이 행복한 경우를 찾아보자.

답변 1. **왼쪽 그림 속 여자는 행복**하고, **오른쪽 그림 속 여자는 행복하지 않다.**

이 경우는 '남이 기쁘기 때문에 나도 기쁘고, 남이 슬프기 때문에 나도 슬프다'라는 전체적인 맥락에서 포괄적으로 이해했다. 이는 대부분의 한국 사람들의 상황 이해 방식과 같다.

답변 2. 왼쪽과 오른쪽 그림 속 여자 **모두 행복하다.**

이 경우는 사람들을 **개별적인 객체**로 분리하여 '어느 경우에서든 가운데 여자는 웃고 있기 때문에 기쁜 것이다'라고 이해했다. 이는 대부분의 영어권 사람들의 상황 이해 방식과 같다.

상황에 접근하는 두 방식을 비교해보자.

우리는 **'전체 안에서 요소들의 관계'**에 관심을 가지고, 요소들을 전체 안에서 '어떻게 느끼는지 크게 또는 두리뭉실하게' 설명한다. 반면, 영어권 사람들은 **'개별 요소 각각의 특징'**에 관심을 가지고, '그 각각의 요소들이 개별적으로 어떻게 느끼는지' 설명한다. 이는 '개인과 객체'를 우선시하는 영어권의 '개인주의 성향'과 많이 닮아 있다.

이렇게 서로 다른 접근 방식을 가진 영어권 사람들은 우리와 전혀 다르게 말한다.

앞서 확인한 것처럼, 우리는 '나의 생각을 구체화하는 연습'을 해볼 기회가 많지 않았다. 뿐만 아니라 '요소들의 특징을 개별적'으로 파악하기보다 '요소들이 속한 전체의 특징을 포괄적'으로 이해했기 때문에 어떻게 생각을 구체화하는지 알기 어렵고, 각각의 요소들의 전체적인 맥락에서 분리하여 개별적으로 이해하는 것을 어려워한다. 이 둘의 접근 방식의 차이를 이해한다면 '나는 영어에 소질이 없다'라고 스스로 단정할 필요가 없다. 내가 영어로 말할 때 **'구체적으로 말하지 못하는 것'은 나의 영어 실력이나 언어 소질 탓이 아니다.**

영어로 말하고, 한국어로 말하는 것. 이것은 각자 다른 사고 방식과 접근 방식의 산물이다. 그래서 한국어 방식에서 벗어나 영어 방식으로 상황에 접근하지 않는다면 '내 생각을 영어로 구체적으로 설명하는 것'은 쉽지 않다.

영어식 접근 방식 엿보기

스텝 1. 메시지를 정한다.

나는 상쾌한 하루를 시작하기 위해서 매일 아침 커피를 마신다. 커피를 마시면 하루 종일 머리가 아픈 사람은 '커피가 왜, 어떻게 나를 상쾌하게 만드는지' 이해할 수 없다. 그래서 메시지를 더 구체적으로 설명해주어야 한다.

스텝 2. 전하려는 메시지를 종이 위에 **그림으로 그린다.**

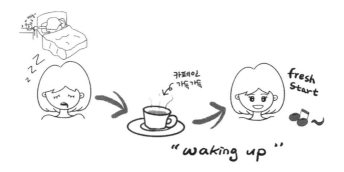

스텝 3. 종이 위에 그린 그림의 개념을 명사 또는 형용사의 **영어 단어**로 적는다.

a cup of coffee, full of caffeine, every morning, my drink, waking up, fresh start

(한잔의 커피, 많은 카페인, 매일 아침, 내가 마시는 것, 잠이 깬다, 상쾌한 시작)

스텝 4. 영어 단어를 활용해서 문장으로 말해본다. 이때 상황을 영어 주요 4동사를 중심으로 설명한다. 필요하다면 단어의 품사를 바꾸거나 새로운 어휘를 추가해도 좋다.

I **take a cup of coffee** every morning.

(나는 매일 아침 한잔의 커피를 마신다.)

Coffee has full of caffeine in it.

(커피는 카페인이 가득하다.)

My drink of(=Drinking) coffee puts(=gives) me in a state of awakening.

(내가 커피를 마시면 나는 깨어있는 상태에 놓인다.)

My day can have a fresh start every morning. (=My days can start every fresh morning.)

(나의 하루는 매일 아침 상쾌한 시작을 가질 수 있다.)

※위 문장들은 상황을 구체화하기 위한 목적으로 만든 것으로 표현이 다소 어색할 수 있다.

　'개별 요소의 특징'에 집중하는 영어식 접근 방식은 **'교정 영어 홈트 Day 2. 드로잉 기법과 영어 단어로 생각 정리'**에서 구체적으로 확인하자.

영어식 사고와 접근 방식 이해하기

영어는 행동 중심으로 사고하고 구체적인 요소로 접근한다

메시지. 나는 여기 사람이 많지 않아서 조용한 커피숍이 좋다.

접근 방식. **구체적인 요소**들을 먼저 구분한다.

this coffee shop, quiet atmosphere, few people, soft background music
이 커피숍, 조용한 분위기, 적은 사람, 은은한 배경음악

사고 방식. **행동 중심** (make, have, give, and take⋯)으로 요소들의 관계를 파악한다.

취하다(take) : 내가 커피숍을 취한다

I **get(=take)** to this coffee shop every morning.

주다(give) : 커피숍이 조용한 분위기를 준다.

coffee shop **gives** a quiet atmosphere

소유하다(have) : 커피숍이 적은 사람과 은은한 배경음악을 가진다.

quiet atmosphere **having** few people and soft background music

한국식 사고와 접근 방식 이해하기

한국어는 사람을 중심으로 사고하고 전체적인 맥락으로 접근한다

메시지. 나는 편안한 이 커피숍이 좋다.

사고 방식. **나를 중심으로** 생각한다.

I + like …

나는 좋아한다 …

내가 왜 이 커피숍을 좋아하는지 이유가 분명치 않다면 더 이상의 요소를 찾을 수 없다.

사고 방식. **사물은 내 행동을 받는 대상**으로 생각한다.

… like this coffee shop.

… 이 커피숍을 좋아한다.

내가 좋아하는 행동의 대상은 커피숍이고, 커피숍은 행동의 주체가 될 수 없기 때문에, 더 이상의 관련 요소를 찾지 못한 채 문장이 마무리된다.

접근 방식. **전체적인 맥락**에서 상황을 파악한다.

This coffee shop is comfortable

이 커피숍은 편안하다.

전체적인 관점에서 이 커피숍은 '편안하다'라고 이해하기 때문에, 그 구체적인 이유를 생각하기 어렵다.

영어식 말하기와 한국식 말하기

영어식 말하기

I get(=take) to this coffee shop every morning which **gives** a quiet atmosphere **having** few people and soft background music.

나는 은은한 음악이 흐르고 사람이 적어서 조용한 분위기를 가진 이 커피숍에 매일 아침 간다.

VS.

한국식 말하기

I like this coffee shop because it's comfortable…

나는 이 커피숍이 좋다. 왜냐하면 이곳은 편안하기 때문이다.

※ 위 문장은 영어의 주요 4동사를 중심으로 활용했기 때문에 표현이 다소 어색할 수 있다.

생각 3.
오류 없이 영어로 말하는 것은 어렵다?

(오디오 강의 바로 가기 ≫ 책의 뒷날개 QR코드)

영어를 처음 배우는 혜인이와 한국어를 처음 배우는 루카스가 자신을 소개하고 있다.

혜인: My name is Hein. Uhm… my school… Ulsan, I live … uhm… Seoul. I live alone so… I think about mom… every day.

혜인이는 쭈뼛쭈뼛 자신감 없는 모습으로 자신을 소개한다. 반면 루카스는 한국어로 거침없이 자신을 소개한다.

루카스: 안녕 나 루카스! 내 학교 뉴욕, 나 지금 서울 살아. 나 혼자 살아. 그리고 매일 아침에 엄마 아빠를 생각해.

이 둘을 보면 어떤 생각이 드는가? 혹시, 혜인이가 자신 없이 영어로 말하는 모습이 꼭, '쭈뼛쭈뼛 영어로 말하는 나랑 똑같다'고 생각했는가? 아니면 '루카스는 어쩜 저렇게 거침없이 한국말을 할까'라며 의아했는가?

사실 두 사람은 '나는 서울이 고향이 아니고 서울에 혼자 살고 있다. 그래서 가족이 그립고 매일매일 엄마를 생각한다'는 비슷한 메시지를 각자 다른 외국어로 전하고 있다. 분명 메시지에는 큰 차이가 없지만, 이들이 외국어를 말하는 태도에는 큰 차이가 보인다.

혜인이는 자신의 영어가 유창하지도 않고, 정확하지도 않아서 영어로 말하는 것 자체가 어렵다고 느낀다. 이는 영어를 활용하는 우리의 태도와 비슷하다.

반면, 루카스는 자신 있게 자신의 의사를 전한다. 루카스의 한국어 실력이 혜인이의 영어 실력보다 월등하게 좋아서? 또는 알고 있는 어휘가 많아서? 아니다. 루카스 역시 자신의 한국어 실력이 뛰어나지 않다는 것, 그리고 문장에 오류가 있다는 것을 안다. 하지만 자신의 실력과 오류에 집중하기보다는 '어떻게 하면 자신의 생각을 전달 할 수 있을까?'를 고민한다. 그리고 가능한 수준에서 적극적으로 말하려 노력한다.

혜인이와 루카스의 말하는 태도뿐 아니라, 이 둘의 외국어를 듣는 사람들의 태도도 너무 다르다. 루카스와 같이 한국어를 말하는 외국인을 보면 '와, 루카스! 한국어 어디서 배웠어? 한국어로 말 잘하네?'라고 응원할지 모른다. 응원까지는 아니더라도 분명한 건, 어느 누구도 루카스에게 '너 한국어를 왜 이렇게 못해?'라고 딱 잘라 말하지 않는다.

그럼, 혜인이와 같이 영어를 말하는 한국 사람을 보면 어떤 생각이 들까? '너무 쉬운 표현으로만 말하는 거 아냐?', '문법에 오류가 너무 많은데?'라며 야박한 평가를 하기 바쁠지 모른다. 하지만 분명한 건 루카스에게처럼 '너 영어 어디서 배웠어?와, 영어로 말 잘하네!'라고 긍정적으로 반응하지는 않는다.

물론 영어는 한국어와 달리 전 세계 많은 사람들이 공용어로 사용하는 외국어인 탓에 영어로 말한다는 것 자체만을 '신기하거나, 대단한 일'로 여기기는 쉽지 않다. 이런 맥락에서 우리가 혜인이와 루카스에게 다른 태도를 보일 수는 있다. 하지만 '비슷한 수준의 외국어를 말하는 두 사람을 대하는 우리의 태도'는 극명하게 차이가 난다.

이것은 외국어를 바라보는 각각의 관점이 다르기 때문이다.

우리는 혜인이가 말한 영어를 '실력 테스트를 위한 외국어 교과목'으로 바라본다. 이 관점에서는 '메시지가 성공적으로 전달되었는가?' 보다는 '문장이 맞고 틀리는가?'가 더 중요하다. 따라서 '문장에 오류가 있으면 틀린 것, 그렇지 않으면 맞는 것'으로 판단한다. 이런 까닭으로 우리도 대부분 영어로 말할 때, 오류 없이 말하기 위해 상당히 공을 들인다.

반면, 루카스가 말한 한국말은 '의사소통하기 위한 도구'라고 생각한다. 즉, 한국어는 외국인의 의사를 전달하기 위한 도구이기 때문에 활용의 정확성보다는 '의사소통 자체'에 더 많은 관심을 가진다. 그래서 소소한 오류들은 큰 문제로 여기지 않는다. 결론적으로 '쉽게 말하는 것은 볼품없는 것이 아닌, 상대방을 쉽게 이해시킬 수 있는 전략'으로 이해한다.

우리는 **두 가지의 다른 잣대로 외국어를 대한다.** 하나는 **우리가**

활용하는 외국어인 '교과목의 영어'이다. 그래서 '틀린 것은 잘못된 것. 항상 오류 없이 말해야 되는 것'이고, 이 영어를 오류 없이 활용하려 애쓴다. 다른 하나는 **외국인이 활용하는 외국어인 '의사소통의 도구, 한국어'**이다. 그래서 '소소하게 틀려도 의사소통이 된다면 문제없는 것!' '상대방을 이해시키기 위해서 쉽게 말해야 하는 것'이 되고, 이들이 한국어로 틀리게 말하는 것에 관대하다.

우리도 외국인이 한국어를 활용하는 것처럼 영어를 외국어로 활용하고 있다. 그러므로 이는 평가의 대상이 아닌 '내 생각과 말을 전하는 도구'로 이해되어야 한다는 사실을 명심하자. 물론, 조금 더 세련된 도구는 있을 수 있다. 하지만 어떤 도구도 잘못된 것

은 없다는 점도 기억하자. 다음에서 다양한 수준의 영어로 의사소통하는 예를 확인해보자.

효리: Yesterday, Korea. Today, America. No America rule.

(어제 한국, 오늘 미국, 미국 법 없다.)

승진: Yesterday, I am Korea. Today, I am America. I don't know American law.

(어제 나는 한국이고, 오늘 나는 미국이다. 나는 미국 법을 모른다.)

벨라: I was in Korea yesterday and I came to America today, so I don't know about US law.

(나는 어제 한국에 있었고 오늘 미국으로 왔다. 그래서 미국 법에 대해서 모른다.)

혁쓰: I'm sorry that I arrived in the US from Korea today, so I'm not very familiar with US law.

(미안, 나는 한국에서(출발해서) 오늘 미국에 도착했다. 그래서 미국 법에 익숙하지 않다.)

위 네 사람은 각자 다른 수준의 문장과 어휘를 활용하여 동일한 메시지를 전했다. 물론 정보를 구체적으로 전달하는 수준의 차이는 있다. 그러나 그 메시지는 대동소이하다. 특히 '언어는 의사소통의 도구'라는 관점에서 볼 때, 이들의 문장 활용의 정확성은 큰 문제가 되지 않는다. 오히려 이 덕분에 네 명의 화자는 모두, 틀리게 말하는 것을 두려워하지 않고, 다양한 방법과 수준의 영어를 활용하여 자신의 메시지를 전달하고 있다.

이 네 문장을 **'교과목의 기준'으로 평가**해보자.

효리는 주어와 동사의 문장 기본 골격을 갖추지 못했다. 승진이는 문장의 구조는 있지만, 시제와 전치사 활용이 불완전하다. 교과목의 기준이라면, 틀리게 말하는 효리와 승진이는 영어로 말하는 것 자체를 포기하게 된다. 벨라와 혁쓰는 오류 없이 영어로 말하고 있지만, 혁쓰에 비해 벨라의 영어 문법과 어휘 수준은 낮다. 그래서 벨라는 '내 영어는 너무 유치해'라 생각하고 영어로 말하는 것을 주저하게 된다.

그럼 우리는 과연 어느 수준으로 한국어를 활용할까?

한국어는 우리의 모국어인 만큼 굉장히 수준 있는 어휘와 문법을 활용해 언제나 맞는 문장으로 말할 것 같은가? 실상은 그렇지 않다. 때로는 효리처럼 문장 없이 단어를 툭툭 던지기도 하고, 승진이처럼 어법에 맞지 않은 문장으로도 말한다. 상황에 따라 벨라처럼 간단하게 단문으로 대화하기도 한다.

우리의 모국어도 100점짜리 문법으로 활용하지 않는다. 그런데 왜? 영어는 꼭, 100점짜리 문법대로만 말해야 된다고 생각하는가?

이제 '영어로 말하는 것이 어렵다'고 생각하지 말자. 물론 외국어를 배운다는 자체가 어려울 수는 있지만 더 이상 '100점짜리 영어'의 기준에 나를 맞추지 말자. 항상 만점 영어로만 말하라는 건, '우리에게 국제무대의 동시 통역관처럼 말하라는 것'과 같다.

우리는 일상에서 소통하기 위해 영어로 말한다. 100점이 아닌, 나에게 적합한 수준의 영어를 명확하게 이해하자. 언제 어디에서 어떤 목적으로 영어를 활용하려는지를 알고, 그 상황에 맞는 수준의 영어 '도구'를 사용하자.

혹자는 의심할지 모른다. '그래도 내가 성인인데, 이렇게 쉬운 기초부터 해야 하나?'라며, 지금까지 수업 시간에 배운 100점짜리 영어만 맞다고 생각할 수 있다. 하지만 걷기도 전에 뛸 수는 없다.

사실 우리는 지금까지 열심히 영어를 읽고 쓰고 해석해봤을 뿐, 영어로 듣고 말하는 것을 해본 적이 없다. 아무리 내가 장성한 성인일지라도, '영어로 듣는 법, 그리고 말하는 법에 있어서는 이제 걷기 시작한 걸음마 단계'라는 것을 명심하고 여유를 갖자. 그리고 영어를 어떻게 듣고 말해야 하는지 기초부터 쌓아가자. 그 탄탄한 기초 위에 영어 말하기의 자신감을 회복하는 것! 그것이 교정 영어를 통해 우리가 얻게 될 핵심이다.

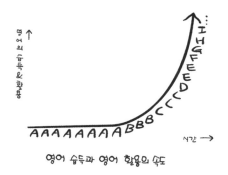

영어 습득과 영어 학습의 속도

성인들은 어린아이들에 비해 고급 수준의 모국어 체계를 이해하고 있다. 그래서 영어의 기초를 쌓고 이해하는 속도가 매우 빠르다. 이 기초 쌓기 과정을 조금 더 꼼꼼하게 한다면 영어 말하기의 성장 속도는 더욱 빨라질 것이다.

내 목표에 맞는 수준의 문장 엿보기

스텝 1. 입고 있는 옷으로 **한 사람을 수식하거나 설명**한다.

A woman **wears** a jumper.

(한 여자가 점퍼를 입고 있다.)

A woman **in** a jumper

A woman **wearing** a jumper

(점퍼를 입고 있는 여자)

스텝 2. '걷는다, 앉았다, 서 있다' 등 어떤 **기본 동작**을 하고 있는지 묘사한다.

She **stands** at a shop.

A woman in a jumper **stands** at a street vendor.

A woman wearing a jumper **stands** at a street vendor alone.

(점퍼를 입고 있는 여자는 거리 상점에 (혼자) 서 있다.)

스텝 3. 어떤 **헤어 스타일**을 가지고 있는지 묘사한다.

She **has** blond hair.

She **has** a ponytail.

She **tied** her hair in a ponytail.

(그녀는 말총머리를 하고 있다.)

스텝 4. 시선이 어디를 향하고 있는지 묘사한다.

She **looks** at something.

She **looks** down at the paper bag.

She **looks** into the paper bag in her right hand.

(그녀는 그녀의 오른손에 있는 종이 백 안을 본다)

스텝 5. 양손과 발이 어떤 동작을 하고 있는지 묘사한다.

She **picks** vegetables.

She **picks** up vegetables with her left hand.

She **is about to pick** up vegetables from the vegetable stand.

(그녀는 그녀의 왼손으로 (야채 가판대에 있는) 야채를 (집으려고 한다)집는다.)

She **holds** a shopping basket.

She **holds** a shopping basket in her left arm.

She **holds** a shopping basket carrying different vegetables in her left arm.

(그녀는 그녀의 왼팔에 쇼핑 (다양한 야채가 담긴) 바구니를 들고 있다.)

스텝 6. 그 장소에서 어떤 동작을 하고 있는지 묘사한다.

She **counts** the vegetables.

She **counts** the number of vegetable in the paper bag.

She might **count** how many vegetables she put in the paper bag.

(그녀는 (아마 얼마나 많은) 야채들을 (종이 백에 넣었는지) 세고 있을 것이다.)

*각각에 제시된 세 문장은 위에서부터 차례대로 초급, 중급, 고

급 문법이 활용된 문장이다. 자신의 영어 말하기 목적에 맞게 적합한 수준의 문장을 자신의 영어 도구로 활용하자.

나의 목표에 맞는 적합한 문장 수준을 확인하는 것은 **'교정 영어 홈트 Day 3. 문장의 기틀 세우기'**에서 구체적으로 확인하자.

생각 ㄴ.
영어를 잘 듣고 말하는 사람은 따로 있다?

영어 꽤나 공부해본 사람들은 종종 이런 이야기를 한다.

"영어식 사고? 영어식 접근 방식? 나도 이미 알고 있는 이야기지. 원어민처럼 생각해야 영어로 말을 잘하게 된다는 것도 너무 잘 알지. 그래서 지금까지 다양한 방법으로 시도해봤는데… 그래도 결국 나는 안 되더라고. 똑같은 방법으로 해도 되는 사람이 있고 안 되는 사람이 있는 거라면, 영어 말하기는 타고난 재능인 거야."

실제로 교정 영어 시간에 같은 방법으로 영어 말하기 연습을 해봐도, 다른 사람들에 비해 영어 말하기가 월등히 빠르게 향상되는 사람이 있는 반면 그렇지 않은 경우도 있다. 하지만 이러한 향상 속도를 그들의 재능으로만 설명할 수 있을까? 결론부터 말하자면 절대 '아니다'.

필자는 대학원 논문에서 영어 말하기 시험 고득점자들의 언어 지능을 살펴보았다. 그 결과 놀랍게도, 상위 10%의 고득점자 중 절반은 평균 이하의 언어지능을 갖고 있었다. 즉, 영어 말하기 실력은 **언어지능만으로는 설명할 수 없다**는 것이 입증된 셈이었다.

또한, 언어지능은 말을 잘하는 것만을 뜻하지 않는다. 글로 자신의 생각을 잘 나타내는 사람도, 글을 읽고 이해를 잘하는 사람도 모두 언어지능이 높다고 말한다. 어떤 사람은 듣는 감각이 탁월하고, 또 어떤 사람은 말하는 재능이 뛰어나기도 하다. 이렇듯 모든 언어지능이 영어 말하기에 긍정적으로 작용하는 것은 아니다. 듣고 말하기 지능이 높은 사람들이 말하기를 쉬워하는 반면, 읽는 지능이 높은 사람들은 말하기를 어려워할 수 있다.

그러면 지금까지 살펴본 '영어식 사고, 접근 방식, 그리고 영어를 대하는 우리의 태도' 외에 또 다른 무엇이 영어 말하기 실력을 결정하는 걸까? 그것은 바로 '습관'이다.

영어로 말을 잘하는 사람들의 인자는 따로 없다. 하지만 '영어로 말을 잘하게 하는 습관'은 따로 있다. 내가 어떤 습관을 가지고 영어 공부를 하느냐에 따라, 영어로 말을 잘하게도, 못하게도 만든다. 지난 20년 교정 영어 현장에서 필자가 검증한 영어로 말을 잘하는 사람들의 습관은 구체적으로 다음과 같다.

영어로 말을 잘하는 사람들은!
첫째, 영어로 공감하여 듣는 것을 즐긴다.
둘째, 영어로 요약하여 말하는 것을 즐긴다.
셋째, 원어민의 영어와 비교하며 말하는 것을 즐긴다.
넷째, 영어 발음과 함께 리듬을 듣는다.
다섯째, 영어로 듣고 읽고 쓰면서 말한다.
여섯째, 정확한 방법으로 쉐도우 스피킹을 즐긴다.
이 각각의 습관을 간략하게 이해해보자.

첫째, 영어로 말을 잘하는 사람들은 영어로 공감하여 듣는 것을 즐긴다.

우리는 어린 시절 한국어를 배우기 위해, 먼저 엄마 아빠 그리고 다른 사람들의 말을 끊임없이 듣는 것부터 시작한다. 그러면 어느 순간, 자동적으로 말을 하기 시작한다. 어떤 아이가 '잘 읽다가 어느 날 갑자기 말을 하게 되었다'라든가, '우리 아이는 말하는 것보다 글쓰기를 먼저 배웠어요.'라는 말을 들어본 적이 있는가? 아니다. 이처럼 '듣고 말한다', '들을 수 있으면 말할 수 있다'는 것은 모든 언어 습득의 공통된 법칙이다.

이런 맥락에서 영어로 말을 잘하는 사람들이 영어로 듣는 것을 즐기는 것! 이것은 너무도 당연한 습관이다.

하지만, **나도 영어로 듣는 것을 즐기는데 영어로 말하기가 안 된다는 사람**들이 있다. 사실 이런 사람들은 **영어로 말을 잘하는 사람들의 듣는 습관을 제대로 흉내 내지 못하고 있다.**

영어로 말을 잘하는 사람들은 영어를 들으면 '한국말로 해석해서 이해'하지 않는다. 영어 단어 자체로 그 메시지를 이해한다.

결국 영어로 듣고 이해한 어휘 조각들이 자신의 어휘 저장소에 차곡차곡 쌓이고, 자신이 전하고 싶은 메시지가 생기면 그 메시지와 연결된 어휘 조각들을 꺼내서 활용한다.

영어를 한국말로 해석 없이 영어 자체로 공감하여 듣는 이들의 습관은 다음 장의 '**습관 1. 영어로 공감하여 듣는 것을 즐긴다**'에서 구체적으로 확인하자.

둘째, 영어로 말을 잘하는 사람들은 영어로 요약하여 말하는 것을 즐긴다.

한국말은 못 하는데 영어로 말을 잘하는 사람, 또는 말하는 것 자체를 좋아하지 않는데 영어로 말을 잘하는 사람을 본 적이 있는가? 이런 경우는 흔치 않다. 영어로 말을 잘하는 사람들이 영어로 말하는 것을 즐기는 것은 당연한 습관이다. '말은 하면 할수록 는다'고 한다. 영어도 이와 같다. 말하는 것을 즐기면 다양한 상황에서 영어로 말해보게 되고, 다양한 표현도 연습할 수 있다. 입을 꾹 닫고, 듣기만 하는 사람보다 영어 말하기 실력이 일취월장하는 것은 당연한 결과다.

　누군가는 **사교적이지 못해서 때문에 말하는 습관을 가지기 어렵다**고 한다. 또 더러는 영어로 말하기 위해서, **무슨 말을 어디서부터 어떻게 해야 할지 모르겠다**고도 한다. 그러나 말하는 연습을 하기 위해서 꼭 사교적일 필요도, 반드시 '내' 말을 해야 할 필요도 없다.

　영어로 말을 잘하는 사람들을 살펴보자. 이들은 **자기가 좋아하**

는 음원을 가지고, 그 음원의 내용을 빌려서 혼자 말하는 것을 즐긴다. 대화하기 위해서 누군가를 찾아야 할 필요도 없고, 어떤 말을 어디서부터 해야 할지도 고민할 필요도 없다. 언제 어디서나 영어로 말하는 것을 즐긴다.

영어 원어민의 음원을 들으며, 들은 단어들을 내 방식대로 말해보는 이런 습관은 다음 장의 '**습관 2. 영어로 요약하여 말하는 것을 즐긴다**'에서 구체적으로 확인해보자.

셋째, 영어로 말을 잘하는 사람들은 원어민의 영어와 비교하며 말하는 것을 즐긴다.

앞서 우리는 영어로 말을 잘하는 사람들이 영어로 공감하여 듣고, 그 내용을 요약해서 말한다는 것을 확인했다. 이렇게 많은 어휘를 듣고, 그것을 말로 활용해보는 습관만으로 원어민과 똑같이 말할 수 있을까? 아니다. 이는 무수히 많은 책으로 공부한 의사가, 실험실에서 연습만 반복하는 것과 같다. 많은 이론과 연습으로 무장은 했지만 실제 수술대에 서 본 적이 없는 의사인 셈이다. 우리는 이런 실전 경험 없는 의사를 신뢰하여 우리의 생명을 맡기기 어렵다.

영어 말하기도 똑같다. 영어로 말을 잘하는 사람들은 혼자 듣고 말해보는 연습에 그치지 않는다. 현장으로 나와서 **내가 배운 표현이 실제로 활용되는지 확인하고, 내가 활용하지 못하는 그들만의 표현을 내 것**으로 만든다.

이렇게 나와 그들의 활용 방식의 차이를 비교하고 '콩글리쉬(Konglish)'가 아닌, '네이티브 잉글리쉬(Native English, 원어민 영어)' 말하기 실력을 기른다.

특히 이들은 대화 상대 없이 혼자서 원어민의 영어와 비교하며 말한다. 이 습관 역시 다음 장의 '**습관 3. 원어민의 영어와 비교하며 말하는 것을 즐긴다**'에서 구체적으로 확인해보자.

넷째, 영어로 말을 잘하는 사람들은 영어 발음과 함께 리듬을 듣는다.

수년간 국제무대에서 왕성한 활동을 한 반기문 전 유엔 사무총장을 보자. 그의 영어 말하기 실력을 국제무대가 인정했는지는 몰라도, 그 발음은 어딘가 구수한 것이 나의 영어와 닮아 있다.

이렇듯 영어로 말을 잘하는 사람들이 모두 좋은 발음을 가진 것은 아니다. 외국인이 내 말을 못 알아듣고 "What?" 하며 되묻는 건 내 발음의 문제가 아닌, 영어의 다른 요소 때문이다. 바로 영어의 강세, 호흡, 장단 등이 만들어내는 영어의 리듬에서 비롯된 것이다.

리듬 언어인 영어는 그 리듬에 따라 의미가 달라지는 경우가 많다. 예를 들어 '해변(Beach)'이라는 말을 '비치'라고 짧게 말할 경우, 이 뜻은 해변이 아닌 낯뜨거운 욕이 되어버린다. 뿐만 아니라, 외국인이 한국말 하는 것을 들어보자.

노래 아닌 노래 같은 리듬이 들리는가? 실제로 영어로 말을 잘하는 사람들은 영어의 리듬을 좇아 그루브를 타기도 한다. 아직도 내 발음 때문에 상대방이 내 말을 이해하지 못한다고 생각하고 있는가? 아니다, **우리들 대부분은 그보다 더 중요한 영어의 리듬을 놓치고 있다.**

영어로 말을 잘하는 사람들처럼 영어 발음과 함께 리듬을 듣는 이런 습관은 다음 장의 **'습관 4. 영어 발음과 함께 리듬을 듣는다'**

에서 구체적으로 확인해보자.

다섯째, 영어로 말을 잘하는 사람들은 영어로 듣고 읽고 쓰면서 말한다.

명사 앞에는 관사 a, an, the가 붙는다는 것을 아는가? 3인칭 단수 주어의 동사 -s 또는 불규칙 과거 동사 변형은 어떤가?

학교에서 처음 영어를 접하면서 이것들을 '기초 문법'으로 배운다. 그런데 막상 영어로 말할 때는 다 틀려서 매번 지적당하기 일쑤이다. 지금까지 수년 동안 반복해서 틀렸으면 이제는 좀 맞을 때도 된 것 같은데, 왜 이렇게 쉽게 고쳐지지 않을까? 바로 이런 문장의 디테일들이 귀로 구분되어 들리지 않기 때문이다.

들리지 않는 부분을 반복해서 듣는다고 들을 수 있을까? 이렇게 안 들리는 부분 중 일부는 외국인의 억양 또는 연음이 너무 강한

부분이거나, 단어 자체가 강세를 받지 않아서 잘 들리는 않는 경우이다. 하지만 이보다 내가 모르는 단어나 문법인 경우가 더 많다. 물론 영어로 말을 잘하는 사람들은 스크립트를 보면서 원어민과 자신의 표현을 비교하며 말하기 때문에 눈으로 이 부분을 확인할 수 있다.

문제는 **눈으로 봐도 이해가 되지 않는 부분**이다. 이런 부분들은 **손으로 직접 써봐야 이해할 수 있게 되고, 다시 들었을 때 이 부분까지도 들을 수 있게 된다.** 이 과정을 통해 **보다 정확하고 수준 높은 영어를 듣고 배울 수 있으며 더욱 능통하게 영어로 말하게 된다.**
화자가 말한 세세한 부분들까지 듣고 말해보기 위해 손으로 써보는 이런 습관은 다음 장의 '**습관 5. 영어로 듣고 읽고 쓰면서 말한다**'에서 구체적으로 확인해보자.

여섯째, 영어로 말을 잘하는 사람들은 쉐도우 스피킹을 즐긴다.
영어로 말을 잘하는 사람들은 '쉐도우 스피킹'을 하면 영어 말하기 실력이 향상된다고 말한다. 쉐도우 스피킹은 화자의 말을 바로 뒤로 쫓으며 똑같이 말하는 방법으로, 이때 원어민의 단어, 그 발음과 리듬, 나와 다른 표현과 문장 구조까지 모두 듣는다. 그래서 이런 습관을 반복하다 보면 원어민의 영어를 모두 듣고 활용할 수 있게 된다. 궁극적으로는 영어 원어민의 방식으로 영어를 말하게 된다. 사실 쉐도우 스피킹 방법은 언어 습득 과정과 똑같기 때문에 영어로 말을 잘하는 사람들이 '쉐도우 스피킹'을 즐기는 것은 당연하다.

혹자는 **쉐도우 스피킹을 1년 넘게 했는데도, 영어 말하기에 아무런 변화가 없었다**고 말하기도 한다. 하지만 이런 경우는 쉐도우 스피킹으로 무엇을 들어야 하는지 명확하게 모르기 때문이다.

앞에서 언급한 습관 덕분에 영어로 말을 잘하는 사람들은 쉐도우 스피킹을 하면서 **영어 원어민의 단어와 리듬**을 함께 듣는다. 영어 문장 구조를 구분하며 **나와 다르게 활용하는 방식**도 비교한다. 어떻게 들어야 이것들을 제대로 듣는지 모른다면, 지금까지 자신의 쉐도우 스피킹 방법이 정확했는지 점검해 볼 필요가 있다.

　모든 언어의 습득 과정과 같이 듣는 '쉐도우 스피킹' 습관은 다음 장의 **습관 6. 정확한 쉐도우 스피킹을 즐긴다**'에서 구체적으로 확인해보자.

　우리가 어떤 언어로 말하는 법을 배우기 위해서는 많이 들어보고 말해보는 것부터 시작해야 한다. 눈으로 읽고 해석하고, 손으로 쓰고 영작해서 말하는 언어는 어디에도 없다.

　지금까지 확인한 영어로 말 잘하는 사람들의 여섯 가지 습관들을 확인해 보면, 모두 언어를 습득하는 과정과 동일하다. 하지만 이 습관들은 나의 영어 공부법과 너무 다르기 때문에 막막함이 밀려오는 것도 사실이다. 그래서 교정 영어는 다음 장의 '영어의 습관이 바뀌다'에서 각각의 습관들을 좀 더 구체적으로 설명한다. 하지만 이 모든 습관을 순서대로 이해하고 바꿔야 한다고 생각하지 말자. 나와 다른 습관, 또는 내가 알지 못했던 습관을 중심으로 차근차근 배워나가자.

영어로 말을 잘 하는 사람들의 습관을
모두 배워야 한다고 생각하지 말자!!
나와 다른 습관! 또는 내가 알지 못했던 습관!을 중심으로
하나하나 차근하게 배워나가자!!

어헝~

제3장

영어의 '습관'이 바뀌다!

Changing English Habits

습관 1.
영어로 공감하여 듣는 것을 즐긴다

(오디오 강의 바로 가기 ≫ 책의 뒷날개 QR코드)

영어로 말을 잘하는 사람들은 영어로 듣는 것을 즐긴다. 하지만 "출근길에 영어 뉴스를 벌써 3년째 듣고 있는데도 내 영어 회화에는 큰 변화가 없는 것 같다"며 반문하는 사람들도 있다. 똑같이 영어로 듣는 것을 좋아하는데 왜 누구는 영어로 말을 잘하고, 누구는 그렇지 못할까? 이유는 영어 듣는 방식에 차이가 있기 때문이다. 그럼 영어로 말을 잘하는 사람들은 어떻게 들을까? 다음의 대화로 이들의 듣기 방법을 확인해보자.

약속 시간에 너무 늦게 도착한 남자 친구에게 볼멘소리를 하는 한 여인.

"자기야! 우리가 12시에 만나기로 했는데, 지금이 12시 30분이 잖아. 계속 전화해도 안 받고, 오는 길에 무슨 사고가 났는지 30분 동안 계속 걱정했잖아. 늦으면 늦는다고 얘기를 해줬어야지!"

이런 연인의 말을 듣고 당신은 어떻게 말하겠는가?

답변 1. "미안해, 너무 화났지?"

그럼 당신의 연인은 이렇게 말할 것이다. "아니, 내가 지금 화가 났다고 하는 말이 아니잖아!"

답변 2. "오는 길에 급한 전화가 와서 중간에 전화할 수가 없었어, 미안해!"

그럼 당신의 연인은 이렇게 대꾸할 것이다. "아니, 내가 지금 전화를 안 한 것만 가지고 뭐라고 하는 게 아니잖아!"

답변 3. "그러게 **30분 동안이나 연락이 안 되니** 내가 **사고 났다**고 생각했겠네. 걱정시켜서 미안해. 다음부터는 **늦으면 늦는다고 꼭 이야기할게.**"

자신의 마음을 공감해 주는 당신의 말에 이 연인은 차분한 어조로 대답할 것이다. "그러니까, 다음부터는 늦으면 꼭 연락이라도 해줘. 알겠지?"

위의 세 가지의 경우 남자는 여자의 말을 각각 다른 방식으로 듣고 있다.

첫 번째 경우, 여자의 표정을 살펴보자. 잔뜩 화가 나 보이는가? 오히려 한껏 걱정하는 표정이다. 물론 이런 상황에서 화가 날 수는 있지만, 그녀의 말 어디를 보아도 화가 났다는 것은 알 수 없다. 사실 남자는 **여자의 말을 듣고, 자신의 방식대로 이해한 것**이다.

두 번째 경우, 여자는 분명 연락이 계속 안 되니깐 걱정했다고, 그래서 늦으면 늦는다고 얘기를 해달라고 말하고 있다. 하지만 남자는 연락이 안 돼 걱정됐다는 메시지는 놓친 채, 늦는다고 이야기하지 못한 부분만 들었다. 즉, 상대방의 말을 반쪽만 들은 것이다.

세 번째 경우, 남자는 여자가 한 말을 100% 똑같이 기억하지는 못하지만, 여자가 전하려는 메시지 모두 기억하고 있다. 그리고 여자가 활용한 단어를 그대로 다시 말하고 있다. 즉, **남자는 여자의 메시지를 그녀의 언어 그대로 들은 것**이다.

　이 세 가지의 경우 중, **영어로 말을 잘하는 사람들이 듣는 방법**은 무엇일까? 화자의 어휘로 그 메시지를 기억하고 있는 세 번째 경우이다. 이런 사람들은 **'상대방의 어휘'를 집중해서 들으며 그 내용을 파악**한다. 영어를 많이 들으면 들을수록 다양한 어휘가 쌓이게 되고, 결국 다양한 어휘를 내 것으로 만들어 이를 활용할 수 있게 된다.

　이런 듣기 방법은 아이들이 한국말을 배우는 방법과 같다. 우리는 한국말을 배우기 위해 무수히 많은 말을 듣는다. 혹여 어떤 단어의 뜻을 모르더라도, 그 소리 자체에 집중해 그 소리가 어떤 의미를 전달하는지 이해하려 애쓴다. 이렇게 배운 어휘를 사용하여 자신의 의사를 전달한다. 이 과정은 답변 3.의 듣는 방법과 동일하며, 언어 습득의 법칙 '들으면 말할 수 있다'를 보여주고 있다.

다시 말해, 우리는 **화자가 활용한 단어를 들으며 메시지를 이해할 때 그 표현을 다시 활용할 수 있다.**

기억하자. 영어를 한국어로 해석해서 이해하는 습관 때문에 현재 나의 영어 언어 저장소는 텅 비어있다. 그래서 영어를 듣고 화자가 한 말을 다시 해보라면, 영어로 선뜻 말할 수 없는 것이다. 한국어 해석을 멈추고 영어로 말을 잘하는 사람들의 '영어로 공감하는 습관'을 장착하자. 이 습관은 **'교정 영어 홈트 Day 4. 공감하여 듣기'**에서 보다 구체적으로 확인하겠다.

영어를 한국어 해석 없이 듣는 자체가 너무 어렵다고 하소연하는 이들이 있다. 이런 사람들 대부분은 영어를 들으면 습관적으로 한국어로 해석해 전체 맥락을 이해하기 때문에 굳이 조각조각의 영어 어휘나 표현들을 들으려 하지 않는다. 오히려 영어 어휘의 개별 소리에 집중하게 되면 전체 내용을 이해하지 못해서 불안해한다. 그래서 더욱 한국어 해석에 의존하게 된다.

이렇게 자동적으로 한국어로 해석되는 습관은 **'교정 영어 홈트 Day 5. 패럿 리핏팅'**에서 교정해보자.

공감하여 듣기 엿보기 (음원 바로 가기 ≫ 책의 뒷날개 QR코드)

다음의 예문으로 '공감하여 듣기'를 연습해보자.

"I want to share what I realized. Yesterday, I had a conversation with the teacher. After the conversation, I understood that she had as a lot of complaints about us as we had about her."

(저는 제가 깨달은 것을 공유하고 싶습니다. 어제 선생님과 대화를 나눴습니다. 대화를 마치고, 전 우리가 선생님에 대해 불만을 가진 것처럼 선생님도 우리에게 많은 불만이 있다는 것을 이해했습니다.)

스텝 1. 화자가 하는 말을 '**영어 어휘의 소리**' 그대로 듣는다.
"어제 선생님하고 대화를 나눠봤는데⋯." **삐!**
공감하여 듣기의 첫 번째는 영어를 한국말로 해석해서 이해하지 않는 것이다.

스텝 2. 화자의 '**메시지가 담긴 어휘**'를 다 듣고 이를 노트에 적는다.
share
conversation
understood
complain
딩동댕! 바로 이 방식이다. 화자가 전하고자 하는 메시지가 담긴 표현을 중심으로 듣자!

스텝 3. 화자의 메시지를 좀 더 정확하게 듣기 위해 두 번 더 **반복해서 듣는다.**
반복해서 들으면서 처음 '공감하여 듣기' 하며 기억한 표현에 살을 붙이자.

반복해서 공감하여 듣기 1. (볼드로 된 단어가 두 번째 공감하여 들은 것)

share **realized**
conversation **with teacher**
understood **she**
complain **about us**

반복해서 공감하여 듣기 2. (이탤릭체가 세 번째 공감하여 들은 것)
want share **realized**
had conversation **with teacher**
after conversation understood **she**
a lot of complain **about us**

영어 표현을 듣고 그 메시지를 이해하는 이 습관은 '**교정 영어 홈트 Day 4. 공감하여 듣기**'에서 더 많이 연습해보도록 하자.

습관 2.
영어로 요약하여 말하는 것을 즐긴다

(오디오 강의 바로 가기 ≫ 책의 뒷날개 QR코드)

영어로 말을 잘하는 사람들은 영어로 말하는 것을 즐긴다. '말은 하면 할수록 는다'고 하니 기회만 된다면 영어로 자주 말해보고 싶어 한다. 그런데 '도대체 어디서 영어로 말해볼 수 있을까?' 우리나라는 영어를 모국어 또는 공용어로 사용하는 나라가 아니기 때문에 이런 기회를 갖는 것은 쉽지 않다. 하지만 이런 환경에서도 영어로 말을 잘하는 사람들은 말할 수 있는 다양한 기회를 만들어낸다. 그들만의 영어 말하기 방법을 확인해보자.

대부분의 사람들은 말하기 위해 '대화 상대'를 찾는다. 하지만 영어로 말을 잘하는 사람들은 꼭 그렇지만은 않다. 혹시 주변에서 영어 드라마나 영화를 보면서 그 대사를 무한 반복으로 따라 말하는 사람을 본 적이 있는가? 또는 자신이 좋아하는 팝송을 무한 반복으로 부르는 사람은 어떤가? 이 사람들 한결같이 '대화 상대 없이' 영어 음원과 영어로 말하고 있다.

자연스럽게 영어로 말하기 위해서는 어떤 상대와 영어로 대화하는 것이 가장 바람직한 방법이긴 하다. 그러나 그 대화 상대가 영어 선생님이나 외국인이 아니라면, 내가 말하는 영어의 오류를 짚어줄 수 없다는 아쉬움이 있는 것도 사실이다. 영어로 말을 잘하는 사람들은 영화나 음악을 무한 반복으로 들으며 따라 말한다. 이때 이들은 한국어 해석 없이 영어를 공감해서 들으며, 들은 단어를 활용해서 똑같이 또는 요약해서 말한다.

특히 **요약하여 말해보면 다른 사람의 표현을 그대로 빌려 말할
수 있다.** 따라서 내가 자주 활용하지 않던 어휘, 그리고 나에게 익
숙하지 않은 주제까지 말해볼 수 있는 장점이 있다. 더구나 '무슨
말'을 '누구와' 해야 할지 고민하지 않기 때문에 내가 듣고 말할 수
있는 수준의 음원만 있다면 언제라도 말하기 연습을 할 수 있다.
이런 연습을 자주 하다 보면, 말할 기회가 많아지며 저절로 말하
기 실력도 일취월장한다. '말은 하면 할수록 는다'는 긍정적인 경
험은 영어로 말하는 동기를 부여한다.

이제부터 영어로 '요약하여 말하기'를 해보려고 한다. 그런데 문
제는, **'어떤 영어 음원'**을 택해 들어야 할지 모르는 데 있다. 그러
나 어렵지 않다. 다음 두 가지 조건만 충족한다면 어떤 음원을 들
어도 좋다.

첫째, 반복해서 들어도 질리지 않는 음원인가?

둘째, 그 내용을 확인할 수 있는 스크립트가 있는가?

영어로 말을 잘하는 사람 중에는 한 영화의 대사를 톤까지 똑같
이 말할 수 있을 때까지 반복해서 보는 사람도 있다. 이들은 '배우
들이 어떤 상황에서 어떤 영어 표현을 사용하는지, 내가 하고 싶
은 말을 어떻게 표현하는지' 등을 알기 위해 영화의 처음부터 끝
까지 세세한 표현들에 집중하며 말해본다. 이 방법이 바로 '요약
하여 말하기'이다. 이렇게 말해보기 위해서 같은 영화나 드라마를

최소 10번에서 100번까지 반복해서 들어야 할 때도 있다. 그렇기 때문에 반복해서 들어도 질리지 않는 음원을 선택해야 한다.

하지만 아무리 반복해서 들어도 들리지 않는 부분이 존재한다. 어느 부분은 정확히 들리지는 않더라도 앞뒤 문맥으로 의미를 대략적으로 이해할 수 있다. 또 어떤 부분은 어떤 소리인지 전혀 들리지 않고, 그 의미조차 모르는 경우도 있다. 대부분 내가 모르는 단어나 문법이 포함된 경우이거나 심한 연음이나 강세가 약한 부분에 해당한다. 이렇게 듣지 못한 부분을 스크립트로 확인해서 채우게 되면 영어 회화 실력 향상에 도움이 된다. 나아가 연음이나 강세 등도 확인해볼 수 있기 때문에 반드시 스크립트가 있는 음원을 선택해야 한다.

사실 반복해서 들어도 질리지 않고, 스크립트까지 있는 음원을 찾는 것은 쉽지 않다. 그럴 때는 다양한 영어 말하기 시험 문제중 하나의 음원을 듣자. 대부분 10문장으로 짧고, 음원의 스크립트까지 제공되기 때문에 질리지 않고, 효율적으로 듣고 말해볼 수 있다. 학습용 음원이라 지루하지 않을까, 하고 걱정할 수 있으나, 대부분의 문제들은 일상 회화 또는 비즈니스 환경에서의 다양한 주제를 다루기 때문에 오히려 다양한 어휘를 익히기 좋다.

어떤 음원을 선택하느냐와 더불어, '나는 **어떤 수준의 영어 음원 을** 들어야 하는가?'도 궁금할 수 있다. 나에게 적합한 수준의 음원 을 찾는 것은 간단하다. '들을 수 있으면 말할 수 있다'고 하지 않 는가? 내가 영어를 듣고 그 내용을 어떤 단위로 말하는지 확인해 보면 된다. 예를 들어 '영어를 듣고 그 내용을 단어로 말하는 사람' 은 단어와 단어를 활용한 단문 수준, '그 내용을 구문으로 말하는 사람'은 다양한 구문이 활용된 수준의 문장이 좋다.

다음의 영어 예문을 활용하여, 나에게 적합한 수준의 음원을 확 인해보자. **(음원 바로 가기 ≫ 책의 뒷날개 QR코드)**
이 음원을 공감하여 듣고, 그 내용을 영어로 말해보자.
Let me tell you where to buy my bags. I usually buy travel bags at a department store because I can have lots of choices of colors, sizes and brands. It's the perfect place to find something suitable for any purpose.

답변 1. 영어 음원을 듣고 아무것도 영어로 기억하지 못함
영어로 들었는데 내가 어떤 내용을 들었는지 그 내용조차 파악 하지 못하는 사람으로 '영어 리스닝 입문'에 해당한다. 쉬운 단어 와 단어로 구성된 문장의 음원을 들으면 좋다. 추천 음원은 영어 를 모국어로 활용하는 나라의 유치원 아이들이 보는 동화책이다.

답변 2. where, buy, bag, store, many color, perfect

*기억하는 단어는 2~6개 사이로 개별 차가 있다.

영어를 들으면 **'영어 단어 단위'로 내용이 이해되고 기억되는 사람**으로 '영어 리스닝 초급'에 해당한다. 전치사가 활용된 단문 수준의 음원을 들으면 좋다. 영어를 모국어로 활용하는 나라의 초등학교 저학년 학생들이 듣는 동화책을 추천한다.

답변 3. where I usually buy bag, at a department store, many bags, colors, size and brands, perfect place to find, for any purpose

*기억하는 구문은 4~8개 사이로 개별 차가 있다.

영어의 음원이 **'영어 구문 단위'로 들리고 이해되는 사람**으로, '영어 리스닝 중급'에 해당된다. 구문 수준의 영문법 동명사, 분사, 부정사가 활용되는 음원을 들으면 좋다. 추천 음원은 영어를 모국어로 활용하는 나라의 초등학교 고학년 학생들이 보는 챕터 북이다.

답변 4. Let me tell you where to buy, usually buy travel bags at a department store, I can have lots of choices of colors, sizes and···, It's the perfect place to find something suitable

영어 음원을 들으면 일부분을 제외하고 전체 **'통문 단위'로 듣고**

그 내용을 이해하는 사람이다. '영어 리스닝 고급'에 해당되기 때문에 문장 단위의 영문법 명사절, 관계대명사, 관계부사 등이 포함된 음원을 들으면 좋다. CNN이나 BBC 기사 음원이 적합하다. 뉴스 어휘의 수준이 너무 높다고 느껴지면, EBS 방송에서 제공하는 중급 수준의 음원을 추천한다.

위의 추천 음원이 나의 실력에 맞다고 생각하는가? "그래도 내 토익 점수가 몇 점인데, 애들 동화책은 너무 쉬운 것 아니냐"며 반문할 수도 있다.

다시 생각해보자. "과연 내가 아이들 동화책의 내용을 듣고 똑같이 말할 수 있는가?" '그렇다'고 대답할 수 없다면 더욱 영어 동화책을 선택하자. 영어를 모국어로 배우는 아이들이 그들의 언어를 배우기 위해 활용하는 동화책은 영어식 사고를 배우기에도 더할 나위 없이 좋은 교재이다. 내가 듣고 말하기 적합한 음원은 **'눈으로 보고 이해되는 것이 아니라, 듣고 말할 수 있는 것'**이어야 한다.

이제 영어 음원을 어떻게 듣고 요약해서 말하는지 그 방법만 확인하면 된다. '공감하여 듣기' 방식으로 영어 단어는 들을 수 있지만, 이 단어를 활용해서 어떻게 영어로 말해야 할지 잘 모르겠다면, **'교정영어 홈트 Day 6. 요약하여 말하기'**에서 보다 구체적으로 확인하자.

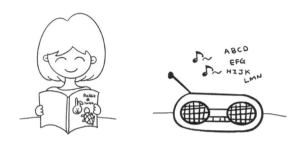

또한, 요약하여 말하다 보면 화자의 요지 모두를 기억하기 어렵
다는 사람들이 있다. 앞부분이 기억나면, 뒷부분을 까먹고, 뒷부
분을 기억하고 있으면 앞부분을 까먹게 되는데, 이 원인은 '기억
력 단위' 때문이다. 일반적으로 영어를 들을 수 있는 단위는 3~4
개의 단어, 구문 또는 문장이다. 영어를 각자의 기억력 단위만큼
듣고 하나의 스토리로 기억하는 습관이 필요한데, 이 습관은 **교
정 영어 홈트 Day 7. 스토리 포커스**'에서 확인하자.

요약하여 말하기 엿보기 (음원 바로 가기 ≫ 책의 뒷날개 QR코드)

앞장에서 '공감하여 듣기'에서 연습한 영어 단어로 '요약하여 말하기'를 해보면 다음과 같다.

스텝 1. 앞장에서 확인한 음원을 **다시 듣는다.**

"I want to share what I realized. Yesterday, I had a conversation with the teacher. After the conversation, I understood that she had as a lot of complaints about us as we had about her."

(저는 제가 깨달은 것을 공유하고 싶습니다. 어제 선생님과 대화를 나눴습니다. 대화를 마치고, 전 우리가 선생님에 대해 불만을 가진 것처럼 선생님도 우리에게 많은 불만이 있다는 것을 이해했습니다.)

스텝 2. 앞 장에서 세 번 **'공감하여 듣기'한 단어들을 기억**한다.

want share realized

had conversation with teacher

after conversation understood she

a lot of complain about us

원어민의 단어 + 나의 문장

스텝 3. 기억하고 있는 **화자의 요지를 활용하여** 요약해 말해본다.

▪ 단어와 구문을 그대로 사용해야 한다.

▪ 한 단어 또는 구문은 한 문장으로만 활용한다.

▪ 가능한 내가 활용할 수 있는 문장으로 말해본다.

▪ 영어의 기본 4동사(make, have, give and take)를 활용해도 좋다.

▪ 요약하여 말하기의 목표는 영어로 말해보는 것에 있기 때문에 오류가 있더라도 말해보자.

요약하여 말하기의 예

I want to share ... I realized.

I had conversation to my teacher.

After the conversation, I understood.

She had a lot of complains about us.

원어민의 영어 표현을 활용해서 영어로 말해보는 습관은 '**교정 영어 홈트 Day 6. 요약하며 말하기**'에서 구체적으로 확인하자.

습관 3.
나와 원어민의 영어 '비교하기'를 즐긴다

(오디오 강의 바로 가기 ≫ 책의 뒷날개 QR코드)

원어민과 영어로 이야기를 나누다 보면 "나는 이렇게 말하는데, 원어민들은 저렇게 말하네"라는 생각이 들 때가 있다. 어법상 틀린 건 아니다. 하지만 나와 다르게 말하는 원어민을 보면, 내 문장은 어딘가 영어스럽지 않아 초라해 보이기도 하다. 원어민처럼 말하지 못하는 내 영어 때문에 내 말을 못 알아듣는 것 같고, 이런 경험이 반복되면서 영어 말하기 자신감이 뚝뚝 떨어진다.

원어민과 어느 부분에서 다르다고 느끼는지, 다음의 예문을 통해 그 차이를 확인해보자.

케이트: Today, we are going to talk about our health. Any

idea? (오늘 우리는 '우리의 건강'에 대해서 이야기하겠어요. 의견 있는 사람?)

수현: Every day, I try to check my daily schedule for my healthy life. (나는 건강한 삶을 위해, 매일 규칙적으로 생활하려 노력한다.)

수현의 말이 끝나기 무섭게 영어 원어민 선생님이 맞장구 친다.

케이트: Yes, that's my word. Keeping daily routine every single day makes my life healthy, indeed. (맞아요, 제 말이 그 말이에요. 매일의 일상을 유지하는 것이 저의 삶을 건강하게 만들죠.)

이렇게 선생님의 말씀을 듣고 난 수현이는 indeed를 말하지 않아서 틀린 것 같고, 자신의 every day는 선생님의 every single day에 비해 초라하다고 느낀다. 왜 항상 자신은 check 같은 쉬운 동사만 사용하고 원어민은 keeping daily routine makes라는 구조를 활용하는지 답답하기만 하다. 결국, 이런 차이를 극복하기 위해서는 원어민 영어를 더 많이 듣고 배울 수 있는 어학연수를 가야 하는 건지 심각한 고민에 빠지게 된다.

과연, 영어 원어민처럼 말을 잘하기 위해서 영어 원어민 수업을 듣거나 어학연수를 가는 방법밖에 없을까? 사실 영어 회화를 유창하게 말하는 사람들 모두가 어학연수를 다녀오거나 외국에서 살아 본 것은 아니다. 이들은 이런 경험 없이도 한국에서 스스로 영어를 공부하며 나와 원어민 영어 활용의 차이를 구분하고 배운다. 이들의 비법은 무엇일까? 영어 원어민처럼 말을 하고, 그들의 영어 활용 방식을 배우기 위해서 어떻게 했을까?

그 비밀은 바로 앞장에서 배운 **'공감하여 듣기'와 '요약해서 말하기'**와 관련이 있다.

영어로 말을 잘하는 사람들은 원어민이 활용한 단어나 구문을 **공감하여 듣고** 그 메시지를 파악한다. 이때 들은 **원어민의 영어 단어**를 활용해서 **내 수준의 문장**으로 **'요약해서 말한다'**. 그런 다음 내가 활용한 문장을 **원어민이 활용한 문장과 비교**하는데 이때, 나와 사용한 단어가 어떻게 다른지, 나와 문장 구조를 어떻게 다르게 활용하는지 원어민의 활용과 **구분**하여 배운다. 교정 영어에서는 이 과정은 '비교하며 말하기'로 가이드한다.

원어민의 단어와 문장

이 방식은 아이들이 모국어를 습득하는 방식과 동일한데, 아이는 모국어를 배울 때, 무수히 많은 단어와 표현을 듣고 이를 활용해서 말한다. 이 과정에서 자신이 말하는 방식과 어른들의 방식이 어떻게 다른지 비교하며, 더 정확한 모국어 활용과 그 활용 방식 자체를 배운다.

또한, '비교하며 말하기'는 외국인이 '내가 한 말을 원어민의 방식으로 수정해주는 것'과 같은 효과를 가진다. 나와 원어민이 어떻게 다르게 활용하는지 이해하고 이를 반복해서 영어회화로 활용하면, 내 영어는 점점 원어민의 영어와 닮아가게 된다. 더욱이, **원어민들이 영어로 말하는 방식을 습득**할 수 있는데, 이것이 비교하며 말하기의 주요 목적이다. 이 습관은 '**교정 영어 홈트 Day 8. 비교하며 말하기**'에서 자세히 확인하자.

비교하며 말하기 위해서는 영어 스크립트가 필요하다. 그런데 막상 영어 스크립트를 보다 보면, '영어 원어민의 문장 중 **어떤 부분이 나와 다른지**, 또는 **어떤 포인트를 집중해 비교해야 되는지 모르겠다**'는 사람들이 많다. 이들 대부분은 '영어 문장을 보고 자동적으로 한국말로 해석하거나, 시험에 자주 나오는 중요한 내용에 밑줄' 치는 습관을 가지고 있다. 그 때문에 스크립트를 봐도 어떤 부분이 서로 다른지 비교하기 어려운 것이다. 원어민의 영어를 정확하게 비교하며 말하는 습관은 '**교정 영어 홈트 Day 9. 공감하여 말하기**'에서 확인해보자.

비교하여 말하기 엿보기 (음원 바로 가기 ≫ 책의 뒷날개 QR코드)

스텝 1. 앞장에서 확인한 음원을 다시 듣는다.
"I want to share what I realized. Yesterday, I had a conversation with the teacher. After the conversation, I understood that she had as a lot of complaints about us as we had about her."

(저는 제가 깨달은 것을 공유하고 싶습니다. 어제 선생님과 대화를 나눴습니다. 대화를 마치고, 전 우리가 선생님에 대해 불만을 가진 것처럼 선생님도 우리에게 많은 불만이 있다는 것을 이해했습니다.)

스텝 2. 앞 장에서 세 번 '공감하여 듣기'한 단어들을 기억한다.
want share realized
had conversation with teacher
after conversation understood she
a lot of complain about us

스텝 3. 기억하고 있는 **화자의 요지를 요약**해 말해본다.

I **want to share**... I **realized**.

I **had conversation** to my **teacher**.

After the **conversation, I understood**.

She had a lot of complains about us.

스텝 4. 내가 요약하여 말한 문장을 원어민의 문장과 비교해 다르게 활용한 부분을 찾는다.

"I want to share **what** I realized. **Yesterday,** I had **a** conversation **with the** teacher. After the conversation, I understood **that** she had as a lot of complaints about us **as we had.**

내가 활용하지 못한 what 절, 시간의 부사 yesterday, a와 the 의 관사, that 절, as 접속사 등을 채울 수 있을 뿐만 아니라, 나는 'to'라고 한 부분을 원어민이 'with'로 활용한 것도 확인한다. 이는 내가 한 말을 원어민이 영어스럽게 수정해주는 것과 같은 효과가 있기 때문에 이 과정을 통해서 나의 영어가 점점 **'원어민의 영어'를 닮아갈 수 있고 그들의 방식을 이해할 수 있다.** 더 많은 연습은 **'교정 영어 홈트 Day 8. 비교하며 말하기'**에서 확인하자.

습관 4.
영어 발음과 함께 리듬을 듣는다

(오디오 강의 바로 가기 ≫ 책의 뒷날개 QR코드)
수업에서 만난 현직 승무원 쎈호의 뉴욕 샌드위치 이야기이다.

쎈호: 선생님, 제가 지난번 뉴욕에 비행 갔을 때, 후배와 함께 맨해튼의 한 샌드위치 가게를 갔었거든요? 샌드위치를 주문하려는데 직원이 제 주문을 못 알아듣는 거예요. 제가 계속 주문을 못 하고 있으니까, 후배가 대신 주문을 했어요. 정말 신기하게 그 후배 주문은 한 번에 알아듣더라고요.

제가 듣기엔 그 후배가 영어를 굴려서 말하는 거 빼놓고는, 저보다 영어를 잘한다는 느낌은 없었거든요. 사실 그 후배보다 제 영어 말하기 점수가 더 높아서 조금 창피했어요. 제가 영어를 굴려 말하지 않아서, 발음이 안 좋아서 그 점원이 못 알아들은 걸까요?

스텔라: 완전 속상했겠는데요. 그때 어떻게 말했는지 다시 말씀
해주실래요?

(단어의 강세는 볼드, 문장의 억양은 화살표, 호흡은 마디, 모음의 장단은 : 로 표시함)

쎈호: 제가 양파랑 양상추 그리고 올리브를 빼 달라고 이야기하
면서, onion(어니**언**:), lettuce(레튜**쓰**:), olive(올리**브**:) 이렇게 말
했어요.

스텔라: 영어 단어가 틀린 건 아닌데, 한국어처럼 말해서 못 알
아들은 듯하네요. 영어는 강세나 장단이 명확한 언어라서, 그걸
다르게 말하면 못 알아듣거든요. 예를 들면 초코파이를 **초**코파이,

초**코**파이, 초코**파**이, 초코파**이**처럼 단어 강세의 위치에 따라 그 의미가 달라진다는 거죠.

원래는 onion(**어**니언), lettuce(**레**튜쓰), olive(**올**리브) 이렇게 강세를 올바르게 넣어서 말했어야 했었는데, 그게 안 지켜졌던 거예요.

쎈호: 제가 굴려서 말하지 않은 것이 문제가 아니었네요?

스텔라: 단어의 강세나 장단의 중요성을 확인할 수 있는 대표적인 단어들이 있어요.

우선 강세의 경우, desert(데져트)라는 단어를 desert(**데**져트)로 1음절 강세로 하면 '사막'이라는 뜻이, desert(데**져**트)로 2음절 강세로 하면 '버리다'라는 뜻으로 되죠.

장단의 경우는 정말 유명한 단어가 있죠. a shee:t of paper (어쉿: 오프 **페**이퍼)는 원래 '한 장의 종이'라는 뜻인데, shee:t(쉿:)을 shit(쉿)으로 짧게 발음하면 '빌어먹을 종이'라는 당황스러운 뜻으로 바뀌게 된답니다.

그럼 강세와 장단을 신경 쓰면서 'cashier'와 'take a sit on a window seat'를 발음해보세요.

쎈호: 현금 출납원, 그리고 창 측 좌석에 앉아달라는 의미네요.

스텔라: 승무원 일을 하면서, 또 현지에서 자주 활용할 수 있는

유용한 표현이죠.

쎈호: 맞아요. 음, 우선 cashier(**캐**쉬ː어), 그리고 take a sit on a window seat(**테**이크 어 씻 온 어 윈도우 **씻**). 맞나요?

스텔라: 우선 cashier의 경우는 cashier(**캐**쉬ː어)가 아닌 cashier(캐**쉬**ː어), 2 음절 강세로 발음했어야 해요.
두 번째 구문에서는 sit(씻)은 짧게 단음으로 seat(씻ː)은 길게 장음으로 말했어야 옳아요. 그렇지 않으면 의미가 전달되지 않을 수 있어요.

이렇게 영어는 '강세나 장·단음'이 발음보다 중요한 경우가 너무 많다. 하지만 우리는 지금까지 '여기는 강하게, 여기는 길게 발음해라'라는 주의를 들은 적이 없다.
실전에서는 이렇게 발음보다 더 중요한 때가 많은데 말이다.

사실 이같은 언어의 리듬은 우리 주변에서 쉽게 발견할 수 있다. 우리나라의 경우 각 지방의 사투리만 보아도 느릿느릿한 박자로 말한다거나, 특정 어휘를 강하게 말하기도 한다. 다른 나라의 언어들도 저마다 특징적인 강세와 박자, 억양을 가지고 있다. 하지만 우리나라의 표준어인 서울말은 상대적으로 이런 리드미컬한 요소들이 부각되지 않는, 한 톤(모노톤, monotone)의 언어이다. '아버지가 방에 들어가신다', 또는 '아버지 가방에 들어가신다'처럼 호흡의 위치에 따라 의미가 달라질 뿐이다. 개별 단어별 강세는 따로 존재하지 않는다.

이렇게 한국어의 한 톤(모노톤, monotone)에 익숙한 우리는 대부분 리드미컬한 영어를 말하는 것을 어렵다고 느낀다. 다음의 예문을 확인해보자.

"I hea:rd that you have been involved in a mea:ningful project since last yea:r." (아이 **헐**:드 뎃/ð/유헤브빈인볼브드 인어**미**:닝풀프**로**젝트 씬스라스트**이**:얼)은 대부분의 단어에 강세와 장·단음이 존재한다.

이 리듬을 구분하기 어려운 우리는 "I heard that you have been involved in a meaningful project since last year." (아이 헐드 뎃/ð/유헤브빈인볼브드 인어미닝풀프로젝트 씬스라스트이얼)처럼 한국어의 단조로운 리듬으로 말하는 경우가 많다.

우리가 이렇게 영어의 리듬을 정확히 알지 못하고 말하면 어떻게 될까?

첫째, 강세와 장단의 구분이 없기 때문에 전혀 다른 의미로 전달될 수 있다.

둘째, 호흡과 억양의 활용이 정확하지 않아 효과적으로 의미를 전달하기 어렵다.

셋째, 익숙하지 않은 영어 리듬을 듣는 원어민에게 피로감을 주게 된다.

'내 영어를 외국인이 못 알아듣는 이유는 내 발음' 때문이라는 섣부른 판단을 하지 말자. 앞서 만난 '쎈호'처럼 우리의 의사소통의 문제는 '발음'이 아닌 '리듬' 때문인 경우가 많다.

그러면 영어로 말을 잘하는 사람들은 어떨까? 이들은 영어로 공감해서 듣는 것을 즐기기 때문에 영어를 한국어로 이해하지 않고, 영어 자체로 듣는다. 즉, 모든 영어를 그 강세와 장단 그리고 억양과 함께 습득한다. 또한, 이렇게 들은 영어를 요약해서 말하는 것을 즐기기 때문에 자신의 발음과 리듬을 들어볼 기회가 있다. 마지막으로 원어민 영어와 비교하는 것을 좋아하기 때문에 나의 잘못된 영어 리듬까지 고칠 수 있다.

'영어의 발음과 리듬을 듣는 습관'은 어떻게 기를 수 있을까? 우

선, 정확한 영어의 발음을 확인하자. 그리고 강하게 발음할 부분
과 약하게 발음할 부분을 강세로 구분하고, 어디에서 호흡해야 하
는지 구분할 수 있어야 한다. 마지막으로 어느 부분을 길고 짧게
불러야 하는지 그 장단까지 구분한다면, 영어 원어민의 리듬을 들
수 있다.

'아는 만큼 보인다'고 하지 않았던가? 영어 리듬의 원리를 알게
되면 그만큼 보이고 들린다. 아직은 익숙하지 않은 영어의 리드미
컬한 요소를 이해한 후 눈으로 꼼꼼하게 확인하자. 그리고 다시
들어보자. 그러면 예전에는 들리지 않던 영어의 리듬들이 귀로 쏙
쏙 들어오는 경험을 하게 될 것이다. 물론 이렇게 들리는 리듬을
내가 회화로 활용하기까지는 많은 연습이 필요하다.

영어의 발음과 리듬 엿보기 (음원 바로 가기 ≫≫ 책의 뒷날개 QR코드)

(단어의 강세는 굵기, 문장의 억양은 화살표, 호흡은 마디, 모음의 장단은 :로 표시함)

I w**a**nt to sh**a**re | wh**a**t I real**i**zed. | Y**e**sterday, | I h**a**d a

convers**a**tion | with the t**ea**:cher. | After the **o**nvers**a**tion,

I understood | that she had | as a lot of complaints about

us | as we had about he:r.

이젠 영어의 음원을 들으며 입을 꾹 닫고 해석만 하지 말고, 그
리듬을 들으며 영어의 리듬을 익혀보자. 그리고 나에게 익숙한 한
국식 리듬을 교정하자. 이렇게 영어의 리듬을 만들어내는 구체적
인 요소를 '**교정 영어 홈트 Day 10. 발음과 리듬 듣기**'에서 확인
하고 그 리듬을 연습해보자.

습관 5.
영어로 듣고 읽어본 후 쓰면서 말한다

(오디오 강의 바로 가기 ≫ 책의 뒷날개 QR코드)

한 원어민 영어 수업에서 발표하는 초이의 말을 들어보자.

초이: When I was young my father teach me.

(내가 어렸을 때 나의 아버지는 나에게 가르쳐 주셨어요)

니키: 'taught' me, please.

('taught' me라고 해주세요)

초이: Ah… yes 'taught' not teach. My father taught me
how to ride bicycle.

(아, 네 teach 아니고 taught me요. 제 아버지는 자전거 타는 법을 가르쳐 주셨
어요.)

니키: Ride 'a' bicycle.

(Ride 'a' bicycle입니다.)

초이: Yes, ride 'a' bicycle in early ages. Now I enjoy riding fully and it make me feel····.

(네, 'a자전거' 타는 법을 매우 어린 나이에. 그래서 지금 나는 자전거 타는 것을 만끽할 수 있고, 이것은 나를 만들어요(make)····.)

니키: It makes me feel····.

(It 'makes me'입니다.)

초이: Okay, it 'makes' me feel fresh when I need some refreshment.

(네, 그것은 시원함을 느끼도록 만듭니다(makes) 내가 기분전환을 원할 때요.)

니키: Sounds good.

(아주 좋아요.)

혹시 나도 위와 같은 경험이 있는가? 분명, 학교에서 명사 앞에 관사 'a/an'과 'the', 불규칙 변화 동사, 3인칭 단수 주어는 동사에 's'가 온다'고 귀에 못이 박히도록 배웠다. 하지만, 매번 영어로 말을 할 때는 이렇게 지적당하기 일쑤다. '지금까지 수년 동안 틀리고 지적받았으면 이제는 좀 맞힐 때도 되지 않았나 싶은데도, 도대체 왜 이렇게 고쳐지지 않을까?'

질문을 바꿔보자. 영어를 들을 때 '아! She likes s가 붙었네!', 'I wanted to go. 아, wanted 과거형으로 썼네', 'I bought an interesting book. 맞아 an으로 써야 하지?' 하면서 이런 것들이 구분되어 들리는가? 그렇지 않은 경우가 대부분이다. 그럼 질문에 답은 명확해졌다. 우리가 영어로 말할 때 문장의 이런 디테일을 구분해서 활용하지 못하는 이유는 바로, '귀로 들을 수 없기 때문'이다. 실제로 문장에서 이런 '기능을 담당하는 기능어'들은 강세를 받지 않기 때문에, 아무리 반복해서 들어도 우리가 구분해서 듣기는 어렵다. 뿐만 아니라, 새로운 어휘나 문법 그리고 화자의 억양이나 연음이 심한 경우도 마찬가지다.

이렇듯 우리가 반복해 들어도 들리지 않는 부분을 정리해보면 다음과 같다.
첫째, 한 번도 들어본 적이 없는 새로운 단어
둘째, 본 적이 있는 단어지만 그 발음을 잘못 알고 있는 단어
셋째, 내가 모르는 문법이 포함되어 있는 부분
넷째, 발음이나 억양 또는 연음이 너무 강하게 들어간 단어
다섯째, 강세를 받지 않아 잘 들리지 않는 단어

물론 '반복해서 들어도 들리지 않는 부분'들은 앞장의 '비교하며 말하기' 과정에서 눈으로 확인할 수 있다. 하지만 눈으로 보면 이해되는 부분이 있었던 반면, 손으로 직접 써봐야만 찾아낼 수 있는 부분도 있다. 이렇게 손으로 써보는 것을 '필사'라고 하는데, 필사는 우리가 화자의 말하기 과정을 꼼꼼하게 복원하도록 만든다. 그래서 화자의 작은 호흡 하나까지 놓치지 않으며 문장의 모든 디테일까지 찾아서 채울 수 있다.

이와 같이 쓰면서 문장의 디테일을 채우는 습관은 '**교정 영어 홈트 Day 12. 필사하며 말하기**'에서 구체적으로 확인하자.

그런데 아무리 필사를 해도 그 내용을 이해하기 어려운 부분들이 있다. 이런 부분은 대부분 내 영어 말하기 수준 이상의 문법들로, 영어 말하기 수준을 한 단계 업그레이드(upgrade)할 때 필요하다. 물론 이런 문법들은 다시 들어봐도 들리지 않기 때문에 당장 회화로 활용할 수는 없다. 그러나 꼼꼼하게 정리해두어야 다른 음원에서 듣고 스크립트로 확인해 활용할 수 있다. 이렇듯 영문법은 지금 내 수준에 필요한 영문법 또는 실력 향상을 위해 중요한 영문법 등 그 부류가 다양하다. '**교정 영어 홈트 Day 13. 9칸 영문법**'의 틀로 나에게 필요한 영문법을 확인하자.

쓰면서 말하기 엿보기

앞에서 공감하여 듣고, 요약하고 비교하며 말한 예문을 '필사하며 말하기' 해보자.

I **want** to share what I **realized.**

"아하! **want**는 현재 시제, **realized**는 과거 시제로 활용했구나!"

Yesterday, I had **a** conversation with **the** teacher.

"아하! 이렇게 관사가 있었구나. 들을 땐 몰랐는데 써보니깐 알겠네."

After the conversation, I understood that she had as a lot of complaints about us as we had about her.

"**understand that...?** 어디선가 본 적 있는 것 같은데, '**that**'이 무슨 뜻이지?"

필사를 하다 보면 일부의 내용은 '비교하며 말하기'에서 채워지기도 한다. 또한 마지막 문장 'that'처럼 모르는 문법이 등장할 수 있다. 이런 부분은 나의 말하기 수준보다 높은 문법들로, 필사하며 말하기'에서 반드시 채우고 넘어가야 한다. 그래야 같은 문법을 다른 문장에서 구분해서 들을 수 있고 회화로 활용할 수 있다. 더 많은 연습은 '**교정 영어 홈트 Day 12. 필사하며 말하기**'에서 확인하자.

습관 6.
정확한 방법으로 쉐도우 스피킹을 즐긴다

(오디오 강의 바로 가기 ≫ 책의 뒷날개 QR코드)

인터넷에서 '영어 공부법'을 검색해보면 '쉐도우 스피킹'이란 용어를 쉽게 만날 수 있다.

"영어로 한마디도 못 했었는데, '쉐도우 스피킹' 3개월만에 말문이 트였어요."

"외국에서 살아본 적도 없는 저한테, 사람들이 어디서 살다 왔냐고 자꾸 물어봐요. 저는 '쉐도우 스피킹'으로 영어공부한 것밖에 없는데 말이에요."

이렇게 말문이 트이고, 영어로 말을 잘하게 만드는 '쉐도우 스피킹'이란 무엇일까?

쉐도우 스피킹(shadow speaking)은 '그림자 말하기'란 뜻이다. 그림자처럼 화자의 단어와 리듬, 문장 구조들을 듣고 바로 뒤쫓아 말해보는 방식으로 노래의 선(先)창, 후(後)창과 흡사하다. 하지만 우리나라는 영어를 공용어로 사용하는 나라가 아니고, 또한 영어를 주로 교과목으로 배우는 환경이기 때문에 '영어로 쉐도우 스피킹' 하는 것이 쉽지 않다. 우리의 영어 수업 시간을 통해 이를 확인해보자.

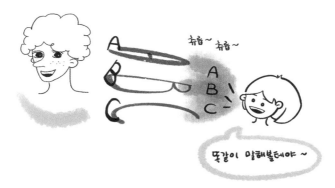

"시험지의 영어 단어의 뜻을 적어서 제출하세요. 시간은 5분입니다."

순간 교실은 침묵과 함께 펜의 사각거림으로 가득하다.

"자, 이제 그만. 프린트 앞으로 제출하시고 교재 58쪽 펴세요.

여기서 주인공의 기분이 어떻게 변했나요? 슬픔에서 우려, 그리고 환희로 바뀐. 그렇죠! 1번이 정답입니다. "

한국의 영어 수업 시간은 암기하고 읽고 해석해서 정답을 찾는 방식을 되풀이한다. 그래서 높은 성적을 받으려면, 당연히 영어를 읽고 한국어로 해석하는 과정에 집중해야 한다. 물론 수업 중에 듣고 말하기 활동이 있긴 하다. 그러나 '영어 말하기' 평가 자체가 없다 보니, 듣고 말하기는 상대적으로 소홀해질 수밖에 없다.

이런 까닭에 영어로 말하려면 먼저 한국말로 정리한 후 이를 영작해야 비로소 말할 수 있고, 영작 없이는 힘들어한다. 이런 환경에서 영어를 듣고 말하는 쉐도우 스피킹은, 안타깝게도 나 혼자 넘기 힘든 벽이다.

우리의 공부 습관도 '쉐도우 스피킹'의 방해 요인이다. 우리는 영어를 보면 즉시 한국말로 해석해 이해하려 든다. 영어를 듣고 따라 말하기보다는 쓰고 암기한다. 다양한 표현으로 의미를 전달하기보다는 알맞은 표현을 찾아 문제의 정답 맞추기에 집중한다. 이런 습관대로 '쉐도우 스피킹'을 하게 되면, 듣고 말하는 방법을 정확하게 배울 수 없다.

그 결과 영어 말하기 실력은 향상되지 않고 제자리에 머무를 수밖에 없다. 쉐도우 스피킹의 정확한 방법을 모른 채 시도하기를 멈춘다면, 뛰기도 전에 출발선에 주저앉는 것과 같다.

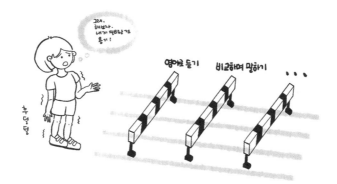

영어로 말을 잘하는 사람들은 쉐도우 스피킹을 하면서 원어민이 활용하는 단어, 표현, 문법, 리듬을 구분하여 듣는다. 한국말로 해석하지 않고 공감하여 듣고, 요약하여 말해보며 많이 듣고 말하기 연습을 한다.

비교하며 말하기를 통해 나와 원어민 문장의 차이점을 구분한다. 특히 발음과 리듬까지 구분해서 듣는다. 마지막으로 필사를 통해 몰랐던 문법들까지 채운다.

이런 습관을 가지고 있는 사람들은 영어 쉐도우 스피킹만으로도 원어민의 영어를 듣고 활용할 수 있다. 즉, 쉐도우 스피킹만으로 영어 말하기 실력이 향상되는 건 시간 문제다. 이렇게 영어 원어민들이 하는 말을 똑같이 듣고 말해보는 것이 쉐도우 스피킹의 목표이자, 영어로 말을 잘하는 사람들의 독학 방법이다. 영어로 듣고 말하는 방법을 가이드하는 쉐도우 스피킹의 정확한 내용은 **'교정 영어 홈트 Day 14. 쉐도우 스피킹'**에서 확인하자.

생각이 바뀌다 & 습관이 바뀌다를 마무리하며...

우리는 대부분 영어로 말을 잘하기 위해 많은 어휘를 암기하고, 한국말을 영작하고, 많은 글을 읽고 해석해왔다. 그러나 영어로 말을 잘하는 사람들의 습관은 우리의 공부 습관과 판이하게 다르다. 이들은 영어를 어떻게 듣고 말해야 하는지부터 고민한다. 이것이 영어로 말 잘하는 사람들의 여섯 가지 습관이며, 모든 언어의 습득 과정과 일치한다.

다음 장에서 우리는 영어로 말을 잘하는 생각과 습관을 '교정 영어 14일의 홈트' 커리큘럼으로 꼼꼼하게 배워볼 것이다. 근육을 키우는 것처럼 우리의 생각과 습관을 바꾸는 것도 하루아침에 이

뤄지지 않는다.

조급함을 버리고, 가뿐하게 시작할 수 있는 영어 근육부터 차근차근 시작해보자. 그럼 어느 순간 영어식 '생각 근육'과 '습관 근육'이 자리 잡아 영어로 즐기고 있는 내 모습을 발견하게 될 것이다.

제4장

교정 영어 14일의 홈트

Changing English 14 Days' Home T.

교정 영어 홈트 이해하기

예쓰리: 선생님, 교정 영어가 뭐예요? 영어 발음을 교정해 주시는 거예요?

스텔라: 영어 발음이 아니라, 우리가 지금까지 공부한 방법을 교정하는 거예요. 영어로 말을 잘할 수 있도록 어떻게 공부해야 하는지 가르쳐주는 거죠. 모국어를 습득하는 방식대로 영어를 습득할 수 있게 도와주고, 음….

이 모호한 개념을 어떻게 설명해야 할지 고민하는 찰나.

예쓰리: 그런데 왜 교정 영어죠? 이게 어디 있는 개념이에요?

스텔라: 교정 영어는 제가 만든 개념입니다. 어디에도 없지만, 이 방식대로만 하면 즐겁게 영어로 말을 잘하게 되는 건 확실하죠.

예쓰리: 아… 뭔가 새로운 학습법이로군요.

알듯 말듯 여전히 아리송한 표정의 예쓰리, 왠지 명쾌하게 대답해 주지 못해 개운치 않은 기분의 스텔라.

지난 20여 년간 취직, 승진, 이직, 지사 파견, 정직 전환 등의 이유로 각양각색의 학생들이 교정 영어를 찾아왔다. 학생들이 영어를 공부해야 하는 이유는 모두 달랐지만 하나의 공통점이 있었다. '이제는 정말 영어로 말을 잘하고 싶다', '이번만큼은 영어의 벽을 꼭 넘어보고 싶다'는 간절함이었다. 영어 말하기의 간절함을 가진 이들 모두 교정 영어로 생각이 바뀌면서 '영어도 즐기며 할 수 있다는 것'을 경험했다. 또한, 영어 공부 습관이 바뀌면서 암기 없이, 그리고 영작 없이 영어로 말하게 되었다.

교정 영어는 기존에 없던 개념들을 하나하나 새롭게 정의하여 돌탑을 쌓아올리듯 완성한 영어 공부법이다.

'모국어 습득 방식과 같은 원리로 영어를 배우는 방식'이고 또한 '발음 교정과는 전혀 다른 것'이다. 하지만 이것을 어떻게 설명해야 할지 몰라 혼자 가슴앓이했던 세월만 20여 년이다. 모호한 정의에도 불구하고 교정 영어를 접해 본 사람들은 한결같이 '하루만에 영어가 즐거워지는 마법 같은 일'을 경험했다. 이것이 지금의 '교정 영어 14일의 홈트'로 완성될 수 있었던 원동력이다.

교정 영어는 철저하게 학생들과 현장에서 호흡하며, 영어로 말할 때 '어디를 힘들어하고 무엇을 답답해하는가'를 진단한다. 더불어 어떻게 해야 '영어 말하기가 즐거워지는가'를 처방한다. 진단과 처방에 기반한 교정 영어의 생각 교정, 습관 교정 가이드는 처음에는 생소할 수 있지만, 이미 많은 이들에게 **검증된 '영어회화가 즐거워지는 트레이닝 방법'**임에는 틀림없다.

영어 말하기로 즐거울 준비가 되었는가? 그럼, 이제! '교정 영어 14일의 홈트'에 도전해보자!

🐱 교정 영어 14일의 홈트 커리큘럼 Day 1~3 생각이바뀌다

Day 1. 영어의 주요 4동사	
교정 대상	• 한국말 영작 없이는 영어로 말하기 어려운 사람 • 원어민의 영어보다 길고 장황하게 말하는 사람 • 원어민이 쉽고 간결하게 말해도 잘 못 알아듣는 사람
교정 목표	make, have, give, and take 영어의 주요 4동사를 활용하여 영어식 사고를 이해한다.
Day 2. 드로잉 기법과 영어 단어로 생각 정리	
교정 대상	• 영어로 말하려면 머리가 하얘지고 입이 떨어지지 않는 사람 • 자신의 주장을 구체적인 이유로 설명하기 어려운 사람 • 적합한 단어가 생각나지 않아 말이 안 나오는 사람
교정 목표	메시지를 이미지로 구체화하고 이를 영어 단어로 정리하여 영어식 접근법을 이해한다.
Day 3. 문장의 기틀 세우기	
교정 대상	• 영어로 말하는 것이 처음이어서 어떻게 말해야 할지 모르는 사람 • 영어로 말하는 것은 어렵지 않은데 자신의 오류를 고치지 못하는 사람 • 일상 회화는 어렵지 않지만 회의에 참석해서 토론을 하지 못하는 사람
교정 목표	'한 사람 묘사' 기법을 활용하여 수준별 문장의 기틀을 이해한다.

😺 **교정 영어 14일의 홈트 커리큘럼** Day 4~14 습관이 바뀌다

Day 4. 공감하여 듣기	
교정 대상	· 영어로 말할 때 외운 단어가 생각나지 않는 사람 · 영어로 듣고 이해한 내용을 다시 영어로 말하기 어려워하는 사람 · 영어를 듣고 나면 기억나는 영어 단어가 없는 사람
교정 목표	영어를 한국어 해석 없이 영어로 듣고 이를 영어회화에 활용한다.
Day 5. 패럿 리핏팅	
교정 대상	· 영어를 한국말로 해석하는 습관 때문에 공감하여 듣기(Day 4)가 어려운 사람
교정 목표	'앵무새처럼 따라 말하기' 기법을 활용하여 영어가 한국어로 해석되는 습관을 교정한다.
Day 6. 요약하여 말하기	
교정 대상	· 공감하여 들은 내용을 요약하여 '문장'으로 말하기 어려운 사람
교정 목표	공감하여 들은 내용을 내 수준의 문장으로 말해볼 수 있다.
Day 7. 스토리 포커스	
교정 대상	· 공감하여 들은 내용 중 일부만 기억하여 요약하여 말하기(Day 6)가 어려운 사람
교정 목표	모든 내용이 아닌 스토리 관련 핵심 부분만 공감하여 들을 수 있다.

Day 8. 비교하며 말하기	
교정 대상	• 스크립트를 봐도 나와 원어민 영어 말하기 방식의 차이를 구분하지 못하는 사람 • 스크립트를 보면 필수 어휘나 문법에만 눈길이 가는 사람
교정 목표	'비교하며 말하기' 기법을 활용하여 나와 원어민 영어 말하기 방식의 차이를 좁힐 수 있다.
Day 9. 공감하며 말하기	
교정 대상	• 스크립트를 보면 한국말로 해석돼서, 비교하며 말하기(Day 8)가 어려운 사람
교정 목표	영어를 한국어 해석 없이 영어 자체로 이해하고 영어 표현을 회화에 활용한다.
Day 10. 발음과 리듬 듣기	
교정 대상	• 영어의 '중요한 발음'을 모르는 사람 • 영어의 '연음 법칙'을 모르는 사람 • 영어의 리드미컬한 요소 '강세, 억양, 호흡, 장단의 법칙'을 모르는 사람
교정 목표	영어에 중요한 발음과 리드미컬한 요소를 이해하며 들을 수 있다.
Day 11. 리듬 마디로 말하기	
교정 대상	• 영어 리듬 듣기(Day 10)가 안돼서 한국말의 모노톤(mono tone, 한 톤)으로 영어를 말하는 사람
교정 목표	'영어의 리듬 마디'를 구분하여 영어를 리드미컬하게 말할 수 있다.

Day 12. 필사하며 말하기	
교정 대상	• 음원을 반복해서 들어도 관사나 전치사 등 세부 문법이 안 들리는 사람 • 스크립트를 봐도 어떤 문법이 활용되었는지 몰라, 회화로 활용하기 어려운 사람
교정 목표	보고 들어도 구분하지 못하는 영문법을 필사로 익혀 영어회화 실력을 향상시킨다.
Day 13. 9칸 영문법	
교정 대상	• 영문법을 제대로 공부해본 적이 없어 영어 회화가 자신 없는 사람 • 필사하며 말하기(Day 12) 해도 이해 안 되는 영문법이 있는 사람
교정 목표	나에게 꼭 필요한 영문법을 채워 영어를 정확하게 말할 수 있다.
Day 14. 쉐도우 스피킹	
교정 대상	• 쉐도우 스피킹을 꾸준히 해왔지만 영어 말하기가 늘지 않은 사람 • 영어회화 독학하는 방법을 모르는 사람
교정 목표	• 정확한 쉐도우 스피킹 방법으로 영어회화를 독학할 수 있다.

Day 1. 영어의 주요 4동사

> **교정 부위** 생각 교정 - 영어식 사고
>
> **교정 대상**
> · 한국말 영작 없이는 영어로 말하기 어려운 사람
> · 원어민의 영어보다 길고 장황하게 말하는 사람
> · 원어민이 쉽고 간결하게 말해도 잘 못 알아듣는
>   사람
>
> **교정 목표**
> make, have, give and take 영어의 주요 4동사를
> 활용하여 영어식 사고를 이해한다.

개념 이해하기

'우리 엄마는 세상에서 제일 예쁘다'는 말을 영어로 말해보자.

대부분 다음과 같은 과정으로 영작한다.

우리 엄마　　　세상에서　　　제일 예쁘다
our mother　　in the world　　the prettiest

Our mother is the prettiest in the world.

안타깝게도 위의 완성된 문장은 최초 메시지와 전혀 다른 의미를 전하고 있다. 처음엔 '내' 엄마가 예쁘다고 말할 의도였지만, 결과는 '너와 나의 엄마는 모두 예쁘다'가 되었다.

사실 우리말에서는 '우리'를 '나'라는 의미로 사용하기 때문에, '우리 엄마'로 말하고 '내 엄마'로 이해한다. 하지만 영어는 우리는 'our'와 나는 'my'로 구분해서 사용한다. 한국말을 영어로 일대일 번역할 경우 의미 전달이 정확하지 않을 수 있기 때문에 영어식 사고를 이해해서 영어로 말하는 것이 필요하다.

우리는 이미 영어권 사람들은 기브(Give, 주다) 앤 테이크(Take, 취하다)와 함께 메이크(Make, 만들다) 앤 해브(Have, 소유하다)를 주요 4동사로 활용한다고 배웠다. 또한 '행동'을 중심으로 각 요소들간의 관계를 설명하는 방식은 우리나라의 '사람' 중심 사고와 다르다는 것도 이해했다.

즉, **영어의 주요 4동사를 중심**으로 각 **요소들 간의 관계를 설명**해보는 연습으로 **영어식 사고**를 이해해 볼 수 있다.

영어의 주요 4동사는 영어식 사고에서 중요한 역할을 한다.

예를 들어 "조언해 주겠니?"를 우리는 "Please advise me"라고 말한다. 그러나 영어에서는 "Please **give** me an advice"로 활용한다. "나 네 책 봐도 돼?"라는 말을 우리는 "Can I see your book?"이라고 말하지만, 영어에서는 "Can I **have** a look of yours?"로 활용한다.

　이렇듯 우리는 '동사'를 중심으로 내가 무엇을 '한다'라고 설명하는 반면, 영어는 '행동'을 중심으로 무엇을 '주고, 가지는지'로 설명한다.

　이런 영어식 사고는 make, have, give and take가 포함된 영어 숙어들을 통해 쉽게 확인할 수 있다.

🐱 요소들의 관계를 '만들다'는 Make의 개념으로 설명한다

메시지	한국식	영어식	영어식 특징
약속하다	promise	make an appointment	약속을 만들다
예약하다	reserve	make a reservation	예약을 만들다
실수하다	영어식과 같이 사용	make a mistake	실수를 만들다
결정하다	decide	make a decision	결정을 만들다
공지하다	announce	make an announcement	발표를 만들다

🐱 요소들의 관계를 '가지다'는 Have의 개념으로 설명한다

메시지	한국식	영어식	영어식 특징
즐겁다	enjoy	have a good time	시간을 가진다
밥 먹다	eat	have a meal	식사를 가진다
꿈꾸다	dream	have a dream	꿈을 가진다
시도하다	try	have a go	시도를 가진다
이야기하다	talk	have a talk	말을 가진다

🐱 요소들의 관계를 '주다'는 Give의 개념으로 설명한다

메시지	한국식	영어식	영어식 특징
조언하다	advise	give an advice	조언을 준다
주사 놓다	inject	give an injection	주사를 준다
태워주다	영어식과 같이 사용	give a ride	타는 것을 준다
도와주다	help	give a helping hand	돕는 손을 준다
양보하다	yield	give way	길을 준다

요소들의 관계를 '취하다'는 Take의 개념으로 설명한다

메시지	한국식	영어식	영어식 특징
쉬다	rest	take a rest	휴식을 취한다
목욕하다	wash	take a bath	목욕을 취한다
보다	look	take a look	보는 것을 취한다
산책하다	walk	take a walk	걷는 것을 취한다
샤워하다	영어식과 같이 사용	take a shower	샤워를 취한다

영어는 '사람'이 무엇을 하는지 그 행동을 설명하기보다, 요소의 관계를 make, have, give and take로 설명한다. 영어의 주요 4동사를 중심으로 다음에서 영어식 사고를 연습해보자.

실전 연습 1

메시지. 나 어제 그 파티 너무 즐거웠어.

'만든다'는 Make의 개념으로 관계를 설명한다.

무엇이 만드는가? the party last night

무엇을 만드는가? a lot of fun time

➡ The party last night made a lot of fun time to me.

'가진다'는 Have의 개념으로 관계를 설명한다.

무엇이 소유하는가? I

무엇을 소유하는가? a lot of fun

➡ I had a lot of fun at the party last night.

'준다'는 Give의 개념으로 관계를 설명한다.

무엇이 주는가? the party last night

무엇을 주는가? a lot of fun

무엇에게 주는가? me

➡ The party last night gave me a lot of fun.

'취한다'는 Take의 개념으로 관계를 설명한다.

무엇이 취하는가? I

무엇을 취하는가? a lot of fun time

➡ I took a lot of fun time at the party last night.

※위 문장들은 영어의 주요 4동사를 중심으로 활용했기 때문에 문장이
다소 어색할 수 있다.

실전 연습2

메시지. 병원에서 오른쪽 어깨에 맞은 주사 두 대가 너무 아팠다.

'만든다'는 Make의 개념으로 관계를 설명한다.

무엇이 만드는가? two injections in the hospital

무엇을 만드는가? a lot of pain

➡ Two injections in the hospital made a lot of pain in
my right shoulder.

'가진다'는 Have의 개념으로 관계를 설명한다.

무엇이 소유하는가? my right shoulder

무엇을 소유하는가? a lot of pain

➡ My right shoulder had a lot of pain after two injections in the hospital.

'준다'는 Give의 개념으로 관계를 설명한다.

무엇이 주는가? two injections in the hospital

무엇을 주는가? a lot of pain

무엇에게 주는가? my right shoulder

➡ Two injections in the hospital gave my right shoulder a lot of pain.

'취한다'는 Take의 개념으로 관계를 설명한다.

무엇이 취하는가? my right shoulder

무엇을 취하는가? a lot of pain

➡ My right shoulder took a lot of pain after two injections in the hospital.

※위 문장들은 영어의 주요 4동사를 중심으로 활용했기 때문에 문장이 다소 어색할 수 있다.

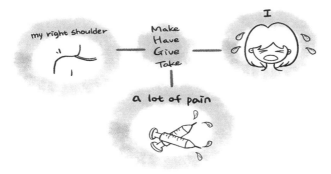

실전 연습 3

메시지. 우리 가족이 맛있는 음식을 먹으며 즐거워 한다.

'만든다'는 Make의 개념으로 관계를 설명한다.

무엇이 만드는가? delicious food

무엇을 만드는가? a happy time

➡ Delicious food makes a happy time to my family.

'가진다'는 Have의 개념으로 관계를 설명한다.

무엇이 소유하는가? my family

무엇을 소유하는가? a happy time with delicious food

➡ My family have a happy time with delicious food.

'준다'는 Give의 개념으로 관계를 설명한다.

무엇이 주는가? delicious food

무엇을 주는가? a happy time

무엇에게 주는가? my family

➡ Delicious food gives my family a happy time.

'취한다'는Take의 개념으로 관계를 설명한다.

무엇이 취하는가? my family

무엇을 취하는가? a happy time with delicious food

➡ My family takes a happy time with delicious food.

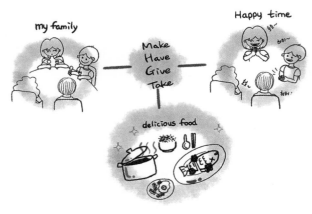

※위 문장들은 영어의 주요 4동사를 중심으로 활용했기 때문에 문장이 다소 어색할 수 있다.

개념 복습하기

실전 연습에서 확인한 것처럼 '사람' 중심의 한국식 사고와 달리 영어식 사고는 '행동'을 중심으로 각 요소들의 관계를 설명한다. '행동' 중심의 영어식 사고로 말할 경우 다음과 같은 이점이 있다.

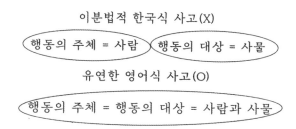

이분법적 한국식 사고(X)

행동의 주체 = 사람 / 행동의 대상 = 사물

유연한 영어식 사고(O)

행동의 주체 = 행동의 대상 = 사람과 사물

결과! 영어식 사고는 문장 활용을 유연하게 만들어 메시지를 쉽게 전달할 수 있게 돕는다.

한국어를 영어로 바꾸는 영작을 멈추자! 그리고 영어식 사고 방식으로 영어로 말하자!

와!! 영어 쭈욕 나둥사면 영어가 간결해 지는구나!!

Day 2.
드로잉 기법과 영어 단어로 생각 정리

> **교정 부위** 생각 교정 – 영어식 접근법
> **교정 대상**
> - 영어로 말하려면 머리가 하얘지고 말이 떨어지지
>   않는 사람
> - 자신의 주장을 구체적인 이유로 설명하기 어려운
>   사람
> - 적합한 단어가 생각나지 않아 말이 안 나오는
>   사람
>
> **교정 목표**
> 메시지를 이미지로 구체화하고 이를 영어 단어로 정
> 리하여 영어식 접근법을 이해한다.

개념 이해하기

다음의 대화를 살펴보자.

스텔라: 내 인생의 최고 스승은 부모인가요? 그렇다면 그 이유
는 무엇일까요? 이에 대해 여러분과 이야기해보도록 하겠습니다.

지쁠: 음⋯ 저는 한 번도 생각해본 적이 없는 주제라서, 딱히 할
말이 없네요.

스텔라: 그럴 수 있어요. 이유가 쉽게 생각나는 주제는 아니죠. 다른 의견 가지신 분?

테디: 저는 당연히 부모님이 제 인생 최고의 스승이라고 생각해요. 무엇보다 저를 낳아주시고, 키워주셨기 때문에 저를 잘 이해하시죠. 또 제 인생에 올바른 조언을 해주시거든요.

스텔라: 음… 우리를 낳고 키워주셨다는 이유만으로 잘 이해한다고 할 수 있을까요? 나를 잘 이해한다고 해도, 모든 조언이 올바르다고 하긴 어려울 것 같은데요. 구체적인 설명이 조금 부족한 것 같아요.

테디 : 맞네요. 막상 하고 싶은 말이 있는 것 같아서 이야기했는데, 구체적으로 설명하기가 쉽지 않네요. 그리고 저를 낳아주신 부모님은 제가 무엇을 좋아하는지 정확히 모르시는 것 같고요. 구체적인 이유로 설명하는 것은, 좀 더 연습해야겠어요.

우리는 '내가 어떻게 생각하는가, 왜 그렇게 생각하는가'를 살펴보는 것보다 'A=B이다. 고로 답은 B이다.'와 같이 '정답을 찾는 것'에 익숙하다. 또한 상황을 하나의 전체적인 맥락으로 이해하기 때문에 나의 생각을 구체적으로 설명하기 어려워한다. 그래서 할 말이 많은 듯하다가도 막상 한두 문장 말하고 나면 꿀 먹은 벙어리가 된다.

반면 영어권 사람들은 '상황에 담겨 있는 각각의 요소'에 관심을 갖기 때문에 A, B, C, D라는 요소를 쉽게 찾아낸다. 또한 이러한 요소들의 특징을 개별적으로 파악하기 때문에 각각의 특징을 쉽게 설명한다. 따라서 자신의 생각에서 구체적인 요소를 찾아내 이를 설명하는 것도 어려워하지 않는다.

교정 영어는 영어식 접근 방식을 이해하기 위해 '드로잉 기법'을 가이드한다.

'드로잉 기법'은 그림을 그리는 방식을 활용한다. 우리는 그림을 그리기 위해 어떤 그리기 기법을 배웠는지, 어떻게 그려야 정답인지 고민하지 않는다. 그보다 무엇을 그리려고 하는지 그 대상을 정확하게 설정하고 어떤 색깔로, 크기로, 선으로 그려야 할지 구체적이고 세부적으로 고민한다.

위의 드로잉 기법을 통해 우리는 자연스럽게 '상황에 담겨 있는 요소'에 집중하게 되고, 그 결과 전달하려는 대상을 좀 더 구체적으로 파악할 수 있다. 글을 모르는 아이들은 그림을 그려 자신의 의사를 전달한다. 문자가 발명되기 이전의 선사시대에는 자신의 신념이나 생활방식을 동굴에 벽화로 남겼다. 이처럼 그림 그리기는 우리를 언어 활용에서 자유롭게 만든다. 그래서 전달하려는 대상을 구체화할 수 있도록 돕는 최고의 방법이다.

　더욱이 전하려는 메시지가 이렇게 구체적인 이미지로 정리되어 있으면, 그 메시지를 '내가 알고 있는 영어 어휘를 유연하게 활용' 해서 전달하는 것은 쉽다.

　결국 메시지를 한국말로 생각해보고 이를 영어로 영작하지 않아도 된다. 이렇게 정리된 영어 단어는 영어의 주요 4동사를 활용하여 문장으로 만들면 복잡한 영문법 없이도 쉽게 영어로 말할 수 있다.

　다음에서 드로잉 기법 가이드를 구체적으로 확인해보자.

　스텝 1. **전하려는 메시지를 정한다.**

　이때 메시지는 **구체적이지 않아도 좋다.** 메시지는 그림 그리는 과정에서 더욱 구체화된다.

스텝 2. 전하려는 **메시지를 종이 위에 그림으로 그린다.**

메시지를 더욱 명확하게 하기 위해 바탕화면까지 색칠한다. 메시지를 전달하는 요소들은 육하원칙을 채우는 방식으로 하되 'why'의 메시지로 마무리한다.

스텝 3. 종이 위에 그린 **그림의 개념을 명사 또는 형용사의 영어 단어로 적는다.**

이때 사전을 찾아서 단어를 적으면 안 된다. 내가 활용할 수 있는 더 쉬운 단어를 찾아서 적는 것이 중요하다. 예를 들어 get exhausted(지친)이 생각나지 않으면, no power(힘없음), no more work(더 이상 일할 수 없음)으로 적는다.

스텝 4. 영어 단어를 활용해서 문장으로 말해본다.

이때 반드시 한 개의 단어는 한 문장으로만 활용해야 하며, 최대한 사람 중심이 아닌 '영어의 주요 4동사(make, have, give and take)'를 중심으로 말해본다. 필요하다면 단어의 품사를 바꾸거나 새로운 어휘를 추가해도 좋다.

다음의 실전 연습으로 **'드로잉 기법과 영어 단어로 생각 정리'**를 연습하고 영어식 접근 방법을 이해해보자.

실전 연습1

스텝 1. **메시지를 정한다.**

나는 상쾌한 하루를 시작하기 위해서 매일 아침 커피를 마신다.
커피를 마시면 하루 종일 머리가 아픈 사람은 '커피가 왜, 어떻게 나를 상쾌하게 만드는지' 이해할 수 없다. 그래서 메시지를 더 구체적으로 설명해주어야 한다.

스텝 2. 전하려는 메시지를 종이 위에 **그림으로 그린다.**

스텝 3. 종이 위에 그린 그림의 개념을 명사 또는 형용사의 **영어 단어**로 적는다.

a cup of coffee, full of caffeine, every morning, my drink, waking up, fresh start

(한잔의 커피, 많은 카페인, 매일 아침, 내가 마시는 것, 잠이 깬다, 상쾌한 시작)

스텝 4. 영어 단어를 활용해서 문장으로 말해본다. 이때 상황을 영어 주요 4동사를 중심으로 설명한다. 필요하다면 단어의 품사를 바꾸거나 새로운 어휘를 추가해도 좋다.

I **take a cup of coffee** every morning.

(나는 매일 아침 한잔의 커피를 마신다.)

Coffee has full of caffeine in it.

(커피는 카페인이 가득하다.)

My drink of(=Drinking) coffee puts(=gives) me in a state of awakening.

(내가 커피를 마시면 나는 깨어있는 상태에 놓인다.)

My day can have a fresh start every morning. (=My days can start fresh every morning.)

(나의 하루는 매일 아침 상쾌한 시작을 가질 수 있다.)

※위 문장들은 상황을 구체화하기 위한 목적으로 만든 것으로 표현이 다소 어색할 수 있다.

실전 연습 2

스텝 1. 메시지를 정한다.

나는 회사에 늦지 않기 위해서 매일 아침 지하철을 탄다. 매일

이른 아침 통근버스로만 출근해본 사람은 전철을 타면 왜 회사에 늦지 않을 수 있는지, 무엇 때문에 매일 아침 전철을 타는지 이해하기 어렵다. 그래서 보다 구체적으로 설명해주어야 한다.

스텝 2. 전하려는 메시지를 종이 위에 **그림으로 그린다.**

스텝 3. 종이 위에 그린 그림의 개념을 명사 또는 형용사의 **영어 단어**로 적는다.

subway, stationary time table, fast speed, no late, start on time, my company

(전철, 고정된 시간표, 빠른 속도, 늦지 않음, 제시간 시작, 나의 회사)

스텝 4. 영어 단어를 활용해서 문장으로 말해본다. 이때 상황을 영어 주요 4동사를 중심으로 설명한다. 필요하다면 단어의 품사를 바꾸거나 새로운 어휘를 추가해도 좋다.

I take the subway every morning.

(나는 매일 아침 전철을 탄다.)

The stationary time table of the subway never gives any delay.

(전철의 고정된 시간표는 절대로 어떠한 지체도 주지 않는다.)

The subway has the fast speed as a big advantage.

(=A big advantage of taking the subway is the fast speed of it.)

(전철은 빠른 속도를 하나의 큰 장점으로 갖는다.)

Never being late makes my work start on time.

(절대 늦지 않는 것은 나의 일이 제시간에 시작하게 만든다.)

I can give my company the impression of a punctual person.

(나는 회사에 시간을 잘 지키는 사람이라는 인상을 줄 수 있다.)

※위 문장들은 상황을 구체화하기 위한 목적으로 만든 것으로 표현이 다소 어색할 수 있다.

실전 연습 3

스텝 1. **메시지를 정한다.**

매년 여름 가족들과 즐거운 시간을 보내기 위해 휴가를 간다.
만약 여름 휴가로 무전여행 중 자동차 타이어가 펑크나 뜨거운 태양 아래 수 시간 동안 수리 서비스를 기다린 사람이라면 '휴가가 왜, 어떻게, 무엇이 즐거운 것'인지 이해하기 어렵다. 그래서 보다 구체적으로 설명해주어야 한다.

스텝 2. 전하려는 메시지를 종이 위에 **그림으로 그린다.**

스텝 3. 종이 위에 그린 그림의 개념을 명사 또는 형용사의 **영어 단어**로 적는다.

my family, together, more fun moments, more talks,

nothing to do, feeling free

(나의 가족, 함께, 더 즐거운 순간들, 더 많은 이야기, 할 것이 없음, 자유로움)

스텝 4. 영어 단어를 활용해서 문장으로 말해본다. 이때 상황을 영어 주요 4동사를 중심으로 설명한다. 필요하다면 단어의 품사를 바꾸거나 새로운 어휘를 추가해도 좋다.

Every year, my family has summer vacation together.

(매년 우리 가족은 여름 휴가를 함께합니다.)

Days and nights during vacation usually have more fun moments.

(휴가 동안의 아침저녁은 더 많은 즐거운 순간을 가집니다.)

More talks about individual family members give us better understanding each other.

(가족 각자에 대한 더 많은 이야기는 우리가 서로를 더 잘 이해함을 줍니다.)

Nothing to do gives us any stress

(무엇을 할지 걱정하지 않는 것은 우리에게 아무런 스트레스도 주지 않습니다.)

Feeling free makes our vacation more restful.

(이 자유로운 느낌은 우리의 휴가를 더 여유롭게 만듭니다.)

※위 문장들은 상황을 구체화하기 위한 목적으로 만든 것으로 표현이 다소 어색할 수 있다.

개념 복습하기

'굶주리고 헐벗은 아이'라고 말하는 것보다 '이 추운 겨울에 하루 한 끼도 못 먹고 얇은 옷으로 길거리에서 버티는 아이들'이 더 쉽고, 정확하게 이해되지 않는가?

우리가 전하려는 메시지를 이미지로 구체화하여 내가 알고 있는 익숙한 표현을 활용해서 쉽고 간결하게 표현하려고 노력해보자. 이런 맥락에서 '드로잉 기법과 영어 단어로 생각 정리'는 영어 말하기의 부담을 더는 데에 도움이 된다.

Day 3. 문장의 기틀 세우기

교정 부위 생각 교정 – 목적에 맞는 영어 문장
교정 대상
· 영어로 말하는 것이 처음이어서 어떻게 말해야
  할지 모르는 사람
· 영어로 말하는 것은 어렵지 않은데 자신의 오류를
  고치지 못하는 사람
· 일상 회화는 어렵지 않지만 회의에 참석해서
  토론을 하지 못하는 사람
교정 목표
'한 사람 묘사' 기법을 활용하여 수준별 문장의
기틀을 이해한다.

개념 이해하기

전하려는 메시지가 이미지로 명확해지면 영어 단어로 쉽게 정
리된다는 것을 확인했다. 하지만 이 메시지를 문장으로 말하는 것
은 여전히 쉽지 않다. 더욱이 완벽한 문장으로 말해야 한다면 부
담스러워진다. 중학교 문법 시간에 '주어, 동사, 목적어'들을 배운
적은 있는 것 같은데 기초가 약해서 어떻게 영어를 문장으로 말해

야 할지 모르겠고, 주어와 동사라는 영문법의 개념만 들어도 뇌가
정지되는 기분이다.

우리말은 주어 다음에 목적어가 나오고 동사가 마지막에 나온
다. 반면 영어는 주어 다음에 동사가 나오고 목적어가 마지막에
나온다. 예를 들면 한국어는 '나는 너를 사랑해'라고 말하는 반면,
영어는 '나는 사랑해 너를'이라고 말한다. 이렇게 각 나라의 언어
로 말하는 기본 방법을 설명하는 것이 문법이다. 물론 복잡한 개
념을 전달하기 위해서는 고급 문법을 알아야겠지만, 우리 모두에
게 필요한 것은 아니다.

영어 문장의 기틀이 되는 주요 문장 성분은 다음과 같다.

주어 = '무엇이'

서술어 = '어떻게 하느냐, 되느냐'

목적어 = '무엇을'

보어 = '무엇이다'

이들 문장 성분을 어떤 **문장 형식으로 활용할지는 서술어인 '동사'가 결정**하기 때문에 **동사의 활용을 이해하고 연습하는 것이 중요**하다. 하지만 영어 동사를 중심으로 말하기 연습을 하기에는 동사의 범위가 너무 방대하다. 그래서 교정 영어는 '생활 속 한 사람 묘사'로 동사를 활용한 문장을 연습하도록 가이드한다.

사람들의 동작에는 공통된 패턴이 있다. 사람들은 항상 옷을 입고 있고, 개성에 맞는 머리 스타일을 가지고 있다. 모두 다양한 동작을 하고 있지만 사람의 동작은 시선, 손, 발동작 그리고 특정 장소에 어울리는 동작 이외에는 더 표현할 요소가 없다, 그래서 한 사람의 묘사는 제한적인 동사로 일정한 문장 구조를 반복적으로 말해볼 수 있다는 장점이 있다.

또한, 눈에 보이는 동작을 그대로 묘사하기 때문에 '무슨 말을 해야 할지' 고민하는 대신, 내가 말하고 있는 문장의 '주어, 동사, 목적어 또는 보어'에 집중해 말하며 문장의 오류를 살필 수 있다. 이는 영어 문장의 기틀을 탄탄하게 세우는데 좋은 습관이다. 특히 한국말로 내용을 정리하느라 바쁜 한국식 영어, 콩글리쉬(Konglish)로 말하는 습관도 교정할 수 있다. 만약, 움직이는 사람을 묘사할 경우 영어 말하기의 순발력까지 기를 수 있다.

다음의 '생활 속 한 사람 묘사' 가이드를 확인하고 실전 연습으로 문장의 기틀을 세워보자.

스텝 1. 묘사하려는 사람이 입고 있는 옷, 상의로 수식한다.

스텝 2. '걷는다, 앉았다, 서있다'등 어떤 기본동작을 하고 있는지 묘사한다.

스텝 3. 어떤 헤어스타일을 가지고 있는지 묘사한다.

스텝 4. 시선이 어디를 향하고 있는지 묘사한다.

스텝 5. 양 손과 발이 어떤 동작을 하고있는지 묘사한다.

스텝 6. 그 장소와 관련된 어떤 동작을 하고 있는지 묘사한다.

실전 연습 1

스텝 1. **입고 있는 옷**(상의)**으로 한 사람을 수식하거나 설명**한다.

A woman **wears** a jumper.

A woman **in** a jumper

A woman **wearing** a jumper

(점퍼를 입고 있는 여자)

스텝 2. '걷는다, 앉았다, 서 있다' 등 어떤 **기본 동작**을 하고 있는지 묘사한다.

She **stands** at a shop.

A woman in a jumper **stands** at a street vendor.

A woman wearing a jumper stands at a street vendor

alone.

(점퍼를 입고 있는 여자는 거리 상점에 (혼자) 서 있다.)

스텝 3. 어떤 **헤어 스타일**을 가지고 있는지 묘사한다.

She **has** blond hair.

She **has** a ponytail.

She **tied** her hair in a ponytail.

(그녀는 말총머리를 하고 있다.)

스텝 4. 시선이 어디를 향하고 있는지 묘사한다.

She **looks** at something.

She **looks** down at the paper bag.

She **looks** into the paper bag in her right hand.

(그녀는 그녀의 오른손에 있는 종이 백 안을 본다)

스텝 5. **양손과 발**이 어떤 동작을 하고 있는지 묘사한다.

She **picks** vegetables.

She **picks** up vegetables with her left hand.

She **is about to pick** up vegetables from the vegetable stand.

(그녀는 그녀의 왼손으로 (야채 가판대에 있는) 야채를 (집으려고 한다) 집는다.)

She **holds** a shopping basket.

She **holds** a shopping basket in her left arm.

She **hold**s a shopping basket carrying different vegetables in her left arm.

(그녀는 그녀의 왼팔에 쇼핑(다양한 야채가 담긴) 바구니를 들고 있다.)

스텝 6. 그 장소와 관련하여 어떤 동작을 하고 있는지 묘사한다.

She **counts** the vegetables.

She **counts** the number of vegetable in the paper bag.

She might **count** how many vegetables she put in the paper bag.

(그녀는 (아마 얼마나 많은) 야채들을 (종이 백에 넣었는지) 세고 있을 것이다.)

각각에 제시된 세 문장은 위에서부터 차례대로 초급, 중급, 고급 문법이 활용된 문장이다. 자신의 영어 말하기 목적에 맞게 적합한 수준의 문장으로 연습한다.

실전 연습 2

스텝 1. **입고 있는 옷(상의)으로 한 사람을 수식하거나 설명**한다.

A man **wears** a t-shirt.

A man **in** a t-shirt

A man **wearing** a t-shirt

(티셔츠를 입고 있는 남자)

스텝 2. '걷는다, 앉았다, 서 있다' 등 어떤 **기본 동작**을 하고 있는 지 묘사한다.

He **stands** at a fish shop.

A man in a t-shirt **stands** behind a fish stand.

A man wearing a t-shirt stands behind a fish stand at a street vendor.

(티셔츠를 입은 남자가 생선 가게 가판대 뒤에 서 있다.)

스텝 3. 어떤 **헤어 스타일**을 가지고 있는지 묘사한다.

He **wears** a hat.

He **wears** a knitted hat.

He **wears** a knitted beanie and has a mustache and beard.

(그 남자는 니트로 된 모자(비니)를 쓰고 콧수염과 턱수염이 있다.)

스텝 4. 시선이 어디를 향하고 있는지 묘사한다.

He **looks** at some fish.

He **looks** at the fish on display.

(그는 진열되어 있는 생선을 본다.)

He looks at the ice cubes he is pouring now.

(그는 그가 붓고 있는 얼음 조각을 본다.)

스텝 5. **양손과 발**이 어떤 동작을 하고 있는지 묘사한다.

He **holds** some ice cubes.

(그는 사각 얼음들을 집고 있다.)

He is **pouring** ice cubes over the fish **with his both hands.**

(그는 그의 두 손으로 생선 위로 사각 얼음들을 붓고 있다.)

He is **pouring** a chunk of ice over the fish to keep it fresh and leaning over the stand.

(그는 생선을 신선하게 유지하기 위해 생선 위로 얼음 조각들을 붓고 있고 그 가판대 위로 기대어 있다.)

스텝 6. 그 장소와 관련하여 어떤 동작을 하고 있는지 묘사한다.

He **sells** fish.

(그는 생선을 팔고 있다.)

He is a **fish merchant** in this store.

(그는 이 가게의 생선 상인이다.)

He may be **preparing** for today's sales.

(그는 아마 오늘의 장사를 준비하고 있을 것이다.)

각각에 제시된 세 문장은 위에서부터 차례대로 초급, 중급, 고급 문법이 활용된 문장이다. 자신의 영어 말하기 목적에 맞게 적합한 수준의 문장으로 연습한다.

실전 연습 3

스텝 1. **입고 있는 옷**(상의)으로 **한 사람을 수식하거나 설명**한다.

A man **wears** a t-shirt.

A man **in** a t-shirt

A man wearing a t-shirt

(티셔츠를 입고 있는 남자)

스텝 2. '걷는다, 앉았다, 서 있다' 등 어떤 **기본 동작**을 하고 있는
지 묘사한다.

He **stands** at a table.

(그는 테이블에 서 있다.)

A man in a t-shirt **stands** next to a kitchen table.

(티셔츠를 입고 있는 남자가 식탁 옆에 서 있다.)

A man wearing a t-shirt **stands** between two chairs at a dinner table.

(티셔츠를 입고 있는 남자가 식탁의 두 의자 사이에 서 있다.)

스텝 3. 어떤 **헤어 스타일**을 가지고 있는지 묘사한다.

He **has** gray hair.

He **has** short gray hair.

(그는 짧은 회색 머리를 하고 있다.)

He **has** short gray hair and glasses on his head.

(그는 회색 머리를 하고 있고, 안경을 머리 위에 쓰고 있다.)

스텝 4. 시선이 어디를 향하고 있는지 묘사한다.

He **looks** at wine.

He **look**s down at a bottle of wine.

(그는 와인병을 내려다본다.)

He **looks** down at a glass he is pouring wine now.

(그는 그가 와인을 따르고 있는 잔을 내려다보고 있다.)

스텝 5. **양손과 발**이 어떤 동작을 하고 있는지 묘사한다.

He **holds** a bottle.

(그는 병을 잡고 있다.)

He **pours** wine into the glass with his right hand.

(그는 오른손으로 잔에 와인을 따른다.)

He **is pouring** wine with his right hand and **holding** a chair with his left hand.

(그는 오른손으로 와인을 따르고, 왼손으로 의자를 잡고 있다.)

스텝 6. 그 장소와 관련하여 어떤 동작을 하고 있는지 묘사한다.

He **prepares** dinner.

(그는 저녁을 준비한다.)

He **sets** a table for his family.

(그는 그의 가족을 위해 테이블을 세팅한다.)

He may set the table for a nice dinner with good wine.

(그는 아마 좋은 와인과 함께 식사하기 위해 저녁을 세팅하는지 모른다.)

각각에 제시된 세 문장은 위에서부터 차례대로 초급, 중급, 고급 문법이 활용된 문장이다. 자신의 영어 말하기 목적에 맞게 적합한 수준의 문장으로 연습한다.

개념 복습하기

'생활 속 한 사람 묘사'를 통해 내 수준에 맞는 문장 활용을 꼼꼼하게 확인한다.

▪ 초급의 경우는 동사를 중심으로 어떤 주어, 목적어 또는 보어를 활용할지 확인하다.

▪ 중급의 경우는 전치사를 활용해서 명사 또는 전체 문장의 의미를 구체적으로 전달한다.

▪ 고급의 경우는 다양한 숙어, 부사로 전달하고자 하는 의미를 명확하게 하고, 관계대명사 등의 고급 문법이나 접속사를 활용하여 두 문장을 매끄럽게 연결한다.

내가 영어로 말하고자 하는 목적을 확인하고 그에 적합한 수준의 문장을 확인하고 그 수준에 맞는 문장 구조를 반복 연습하자. 그러면 차츰 내 문장 구조로 말하기 익숙해지고 오류도 사라지게 된다. 그런 다음 더 높은 수준의 문장을 연습하자.

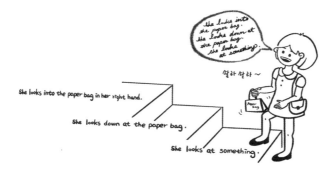

Day 4. 공감하여 듣기

교정 부위 습관 교정 - 영어 듣기
교정 대상
• 영어로 말할 때 외운 단어가 생각나지 않는 사람
• 영어로 듣고 이해한 내용을 다시 영어로 말하기 어려워하는 사람
• 영어를 듣고 나면 기억나는 영어 단어가 없는 사람
교정 목표
영어를 한국어 해석 없이 영어로 듣고 이를 영어회화에 활용한다.

개념 이해하기

'들을 수 있어야 말로 할 수 있다'는 것은 모든 언어 습득의 공통된 법칙이다. 하지만 나는 지금까지 영어를 들을 때 한국어로 해석해 이해하느라 그 소리를 들어본 적이 없다. 심지어 영어 단어를 외울 때에도 펜 들고 노트에 꾹꾹 담았을 뿐이지 그 단어를 소리 내 말해 본 적이 없다. 그래서 막상 영어로 말을 하려고 보면

알고 있는 단어들을 어떻게 발음해야 하는지 모르거나, 그 단어가 소리와 함께 기억나지 않아 답답한 적이 한두 번이 아니다.

우리는 앞 장에서 '공감하여 듣기'를 통해 화자의 어휘를 듣고 그 메시지를 이해해야만 나의 영어 어휘력을 향상시키고 이를 다시 활용할 수 있다고 배웠다. '공감하여 듣기'는 화자가 활용한 영어 단어와 그 메시지에 집중하게 한다. 그 결과, 많은 어휘들이 자신의 영어 저장소에 쌓이게 된다. 이런 표현들은 곧 나의 든든한 어휘력이 되고, 영어 말하기의 밑바탕이 된다. 들으면 들을수록 영어 어휘가 풍부해지고, 이를 바탕으로 영어 말하기가 수월해지는 선순환을 불러온다.

이때 상대방의 말을 듣다가 그 말이 '잘 안 들렸거나', '내용이 너무 길었거나', '요지가 불분명했을 경우' 우리는 어떻게 하는가? 자연스럽게 "잘 못 들었는데, 다시 한번 말해 줄래?"라며, 다시 말해줄 것을 요청한다. 이렇듯 **공감하여 듣기를 할 때에도 못 들었다면 반복해서 들어보자.** '반복 듣기' 과정은 의사소통을 원활하게 하는 자연스러운 과정이기 때문에 화자의 말을 한 번에 모두 듣지 못했다고 의기소침해질 필요가 없다. 한 번에 듣고 모든 어휘를 기억하는 능력? 그것은 기억력 테스트에서나 필요하다.

다음에서 교정 영어의 '공감하여 듣기' 가이드를 구체적으로 확인해 보자.

스텝 1. 화자가 하는 말을 **'영어 어휘의 소리'** 그대로 듣는다. 영어를 한국말로 해석해서 이해하지 않는다.

스텝 2. 화자의 **'메시지가 담긴 어휘'**를 다 듣고 이를 노트에 적는다. 메시지가 파악되지 않는 단어, 메시지가 아닌 문법적 기능의 단어는 듣지 않는다. 그리고 들으면서 단어들은 받아 적지 않고, 음원을 모두 듣고 난 후 기억해 노트에 적는다. 이렇게 기억해 적게 되면 나의 기억력의 길이가 점점 늘어나고, 결국엔 기록하지 않아도 모두 머릿속에 저장할 수 있게 된다.

스텝 3. 화자의 메시지를 정확하게 들을 수 있을 때까지 **반복해서 듣는다.** 실제로 화자의 말이 길 경우, 우리는 모든 내용을 한 번에 들을 수 없다. 따라서 중요한 순서대로 메시지를 들어야 한다. 핵심 메시지를 듣고 그와 관련된 메시지를 추가하며 듣자.

다음의 예문을 반복하여 공감 듣기 하는 것을 확인해보자.

"I want to share what I realized. Yesterday, I had a conversation with the teacher. After the conversation, I understood that she had as a lot of complaints about us as we had about her."

　(저는 제가 깨달은 것을 공유하고 싶습니다. 어제 선생님과 대화를 나눴습니다. 대화를 마치고, 전 우리가 선생님에 대해 불만을 가진 것처럼 선생님도 우리에게 많은 불만이 있다는 것을 이해했습니다.)

반복해서 공감 듣기한 내용

　영어를 영어로 공감해서 듣는 것이 매우 중요하다. 하지만 지금까지 영어를 한국말로 해석해 이해하는 습관을 가진 사람들은 영어를 한국말로 해석하는 습관을 갑자기 바꾸기 어렵다.

　이런 사람들은 '공감하여 듣기'를 잠시 멈추고 이어지는 **'Day 5의 패럿 리피킹'** 트레이닝을 통해 한국어로 해석하는 습관부터 우선 교정하자.

Day 5. 패럿 리핏팅

교정 부위 습관 교정 – 한국어로 해석해서 듣기
교정 대상
• 영어를 한국말로 해석하는 습관 때문에 공감하여 듣기(Day 4)가 어려운 사람
교정 목표
'앵무새처럼 따라 말하기' 기법을 활용하여 영어가 한국어로 해석하는 습관을 교정한다.

개념 이해하기

영어를 영어로 듣고 활용하는 '공감하여 듣기'가 중요하다는 것은 이해했지만, 계속 영어를 한국어로 해석하여 이해하려는 이유는 다음과 같다.

첫째. 한국어로 전체 맥락을 이해하는 것이 쉽고 익숙하다.

둘째. 조각조각 영어 단어로 들으면 전체 맥락을 이해할 수 없

어서 불안하다.

셋째. 영어를 한국어 해석 없이 듣는 방법을 모른다.

거듭 말하지만, 우리는 한국어로 해석해서 듣는 것이 전체 맥락을 이해하는데 훨씬 쉽고 익숙하다고 느낀다. 하지만 이것은 영어로 말을 잘하기에는 좋지 않은 습관이다. 이러한 습관을 교정하기 위해 교정 영어는 '패럿 리핏팅'으로 가이드한다.

'패럿(parrot)'은 한국말로 '앵무새'라는 뜻이다. 앵무새는 사람의 말을 이해하지 않고 그 소리만 듣고 이를 흉내 내 말한다. 정확히 말하면 '말한다'기보다 그저 쫓아 소리 내는 것에 가깝다. 이런 앵무새의 소리 내기 방식을 빌리면 영어를 한국어로 해석하는 습관을 멈출 수 있다.

'패럿 리핏팅'하기 위해서는 눈이 이해하는 음원이 아닌, 듣고 말할 수 있는 내 귀로 영어가 쏙쏙 들리는 음원을 선택하자. 그리고 이를 공감하여 듣고 영어로 활용할 수 있는 어휘, 구문, 문장들을 꼼꼼하게 채우자.

만약, 패럿 리핏팅을 하는데 내가 쫓아 말할 수 있는 영어 단어가 70~80% 미만이라면 음원의 수준을 조금 낮춰 연습하자. 내 말하기 수준보다 높은 수준의 음원으로는 '패럿 리핏팅' 자체가 어렵고, 공감하여 들을 수도 없다.

앵무새처럼 영어 음원의 소리를 쫓아 말해보는 '패럿 리핏팅'의 방법은 다음과 같다.

스텝 1. 영어로 들었을 때 쫓아 **말할 수 있는 단어가 70~80% 수준의 음원을 선택한다.** 쫓아 말하기 어렵다면 조금 쉬운 수준의 어휘와 문장이 활용된 음원으로 바꿔 듣는다.

스텝 2. 영어 음원을 들으며 **들리는 소리를 모두 쫓아 말해본다.**

스텝 3. 영어 음원을 반복해 들으며 **메시지가 담긴 영어 단어를 3~4개씩 기억**한다. 이것이 바로 '공감하여 듣기'다. 이때 너무 많은 영어 단어를 듣지 말고, 반드시 메시지가 담긴 영어 단어를 3~4개씩 기억하며 듣는다.

스텝 4. 공감하여 듣는데 다시 한국말로 해석된다면 스텝 2로 돌아가 연습한다.

'패럿 리핏팅'과 '공감하여 듣기'는 모두 영어를 듣는 것이지만, 그 방식은 매우 다르다. '공감하여 듣기'는 메시지가 이해되는 영어 단어들만 듣는 반면, '패럿 피릿팅'은 앵무새 처럼 들리는 모든 소리만을 따라 말하기 때문에 영어를 분명히 들었지만 그 내용은 전혀 이해할 수 없다. 즉 '인지 부조화'의 상태에 놓이는 셈이다. 인지 부조화의 이유는 다음과 같다.

*인지 부조화 : 나의 태도나 행동들이 모순되어 서로 양립할 수 없다고 느끼는 상태

첫째, 영어 소리를 듣고 그 소리를 바로 따라 말해보느라 그 의미를 이해하지 못한다.

둘째, 한번에 너무 많은 영어 단어를 들어서 모든 단어를 기억하기 어렵다. 이런 불편함을 느끼면 우리는 자연스럽게 지푸라기라도 붙잡고 싶어진다. 이때 붙잡을 수 있는 것은 이미 들어서 익숙해진 영어 단어의 소리이다. 한국말로 해석해 이해할 수 없기 때문에 최대한 '익숙한 이 영어 단어를 듣고 내용을 이해하려는

태도'를 취한다. 이렇듯 자신의 인지를 변화시켜 불균형을 벗어나려는 '인지부조화 이론'에 근거해 우리는 해석 없이 영어를 듣게 된다.

다음의 예문을 통해 '공감하여 듣기'를 연습해보자. 필요하다면 '패럿 리핏팅'도 연습한다.

실전 연습 1 (실전 연습용 음원 ≫ 책의 뒷날개 QR코드)

다음의 예문으로 '공감하여 듣기'를 연습해보자.

"I want to share what I realized. Yesterday, I had a conversation with the teacher. After the conversation, I understood that she had as a lot of complaints about us as we had about her."

(저는 제가 깨달은 것을 공유하고 싶습니다. 어제 선생님과 대화를 나눴습니다. 대화를 마치고, 전 우리가 선생님에 대해 불만을 가진것 처럼 선생님도 우리에게 많은 불만이 있다는 것을 이해했습니다.)

스텝 0. 음원이 한국어로 해석되어 이해된다면 '패럿 리핏팅'을 우선 진행한다.

스텝 1. 화자가 하는 말을 **'영어 어휘의 소리'** 그대로 듣는다.

"어제 선생님하고 대화를 나눠 봤는데….." 삐!

공감하여 듣기의 첫 번째는 영어를 한국말로 해석해서 이해하지 않는 것이다.

스텝 2. 화자의 **'메시지가 담긴 어휘'**를 다 듣고 이를 노트에 적는다.

share

conversation

understood

complain

딩동댕! 바로 이 방식이다. 화자가 전하고자 하는 메시지가 담긴 표현을 중심으로 듣자!

스텝 3. 화자의 메시지를 좀 더 정확하게 듣기 위해 두 번 더 **반복해서 듣는다.**

반복해서 들으면서 처음 '공감하여 듣기'하며 기억한 표현에 살을 붙이자.

반복해서 공감하여 듣기 1 (볼드로 된 단어가 두 번째 공감하여 들은 것)

share **realized**

conversation **with teacher**

understood **she**

complain **about us**

반복해서 공감하여 듣기 2 (이탤릭체가 세 번째 공감하여 들은 단어)

want share **realized**

had conversation **with teacher**

after conversation understood **she**

a lot of complain **about us**

실전 연습 2 (실전 연습용 음원 ≫≫ 책의 뒷날개 QR코드)

다음의 예문으로 '공감하여 듣기'를 연습해보자.

After work, I used to stay alone in a quiet mood. This setting allowed me to focus on my plans for the following day and my future business. After this time, I was usually full of insights and ideas to move forward. That's why I try to have this productive moment.

(퇴근 후, 저는 조용히 혼자 머물곤 했습니다. 이런 상황에서 나는 다음날 그리고

나의 미래 사업에 대한 계획에 집중할 수 있었습니다. 이런 시간 이후에, 저는 주로 앞으로 나아갈 수 있는 통찰력과 아이디어로 가득 찼었습니다. 그래서 나는 이 생산적인 순간을 가지려고 노력합니다.)

스텝 ㅇ. 음원이 한국어로 해석되어 이해된다면 '패럿 리핏팅'을 우선 진행한다.

스텝 1. 화자가 하는 말을 **'영어 어휘의 소리'** 그대로 듣는다.
"일과 후에, 나는…." 삐!
공감하여 듣기의 첫 번째는 영어를 한국말로 해석해서 이해하지 않는 것이다.

스텝 2. 화자의 **'메시지가 담긴 어휘'**를 다 듣고 이를 노트에 적는다.
stay alone
focus on my plans
full of insights and
try to have
딩동댕! 바로 이 방식이다. 화자가 전하고자 하는 메시지가 담긴 표현을 중심으로 듣자!

스텝 3. 화자의 메시지를 좀 더 정확하게 듣기 위해 두 번 더 **반복해서 듣는다.**

반복해서 들으면서 처음 '공감하여 듣기'하며 기억한 표현에 살을 붙이자.

반복해서 공감하여 듣기 1 (볼드로 된 단어가 두 번째 공감하여 들은 것)

After work, stay alone

focus on my plans, **following day and my future**

full of insights and **ideas to move forward**

try to have **productive moment**

반복해서 공감하여 듣기 2 (이탤릭체가 세 번째 공감하여 들은 단어)

After work, stay alone, *quiet mood*

allowed me to focus on my plans, **following day and my future**

After this time, full of insights and **ideas to move forward**

That's why try to have **productive moment**

실전 연습 3 (실전 연습용 음원 ≫ 책의 뒷날개 QR코드)

I often have fun with my neighbours. There are endless conversations because there are many common interests such as culinary hobbies and children of the same age. Having a home party every Sunday to ask after each other is our weekend routine. Thanks to this close relationship, our village is always filled with a warm atmosphere.

(나는 종종 이웃과 즐거운 시간을 보냅니다. 취미, 같은 나이의 아이들과 같은 공통 관심사가 많기 때문에 끊임없는 대화를 나눕니다. 매주 일요일에 집에서 파티를 열어서 서로의 안부를 묻는 것이 우리의 주말 일상입니다. 우리가 이렇게 친밀한 덕분에 우리 마을은 항상 따뜻한 분위기가 넘쳐납니다.)

스텝 ㅇ. 음원이 한국어로 해석되어 이해된다면 '패럿 리핏팅'을 우선 진행한다.

스텝 1. 화자가 하는 말을 '**영어 어휘의 소리**' 그대로 듣는다.

"나는 종종 즐거운 시간을⋯." 삐!

공감하여 듣기의 첫 번째는 영어를 한국말로 해석해서 이해하지 않는 것이다.

스텝 2. 화자의 '메시지가 담긴 어휘'를 다 듣고 이를 노트에 적는다.

have fun

conversations

having a home party

close relationship

딩동댕! 바로 이 방식이다. 화자가 전하고자 하는 메시지가 담긴 표현을 중심으로 듣자!

스텝 3. 화자의 메시지를 좀 더 정확하게 듣기 위해 두 번 더 **반복해서 듣는다.**

반복해서 들으면서 처음 '공감하여 듣기' 하며 기억한 표현에 살을 붙이자.

반복해서 공감하여 듣기 1 (볼드로 된 단어가 두 번째 공감하여 들은 것)

have fun **with my neighbors**

endless conversations

having a home party **every Sunday**

thanks to, close relationship

반복해서 공감하여 듣기 2 (이탤릭체가 세 번째 공감하여 들은 단어)

often have fun **with my neighbors**

endless conversations, *many common interests such as*

hobbies and, same age
having a home party **every Sunday** *to ask after each other, weekend routine*
thanks to, close relationship, *our village, warm atmosphere*

개념 복습하기

신기하게도 '패럿 리핏팅'한 후 '공감하여 듣기' 해보면, 한국어 해석은 사라지고 영어 단어로 그 메시지를 이해하게 된다. '패럿 리핏팅'의 목표는 한국어 해석을 멈추고 영어를 영어로 듣기 위한 '습관 근육'을 키우는 것이다. 특히 이렇게 영어를 영어로 듣는 습관은 '공감하여 듣기'를 가능하게 만들어 나의 영어 단어 저장소에 많은 단어를 담아 영어 회화로 활용하게 한다.

한국어로 해석되는 습관을 바꾸는 것은 불편하고 어색하다. 이는 안 써본 근육을 단련하려고 하면 자꾸 예전으로 돌아가려 하는 것과 비슷하다. 이런 불편함을 견디며 꾸준하게 연습하면 내 영어 말하기 실력은 일취월장한다.

Day 6. 요약하여 말하기

> **교정 부위** 습관 교정 - 영어 말하기
> **교정 대상**
> • 공감하여 들은 내용을 요약하여 '문장'으로
>   말하기 어려운 사람
> **교정 목표**
> 공감하여 들은 내용을 내 수준의 문장으로 말해볼
> 수 있다.

개념 이해하기

영어로 말을 잘하는 사람들은 끊임없이 영어 음원을 듣고 말해 본다는 것을 알았다. 대화 상대 없이도 음원의 영어 표현을 공감 하여 듣고 요약하여 말하기 때문에 언제 어디서나 영어로 말해볼 수 있고, 이를 반복하기 때문에 영어 회화 실력도 향상된다.

하지만 지금까지 쓰고 암기하고 영작하는 영어 공부에 익숙한 우리는 들은 영어 단어를 어떻게 영어로 말해야 할지, 그 정확한 방법을 모른다. 교정 영어는 '요약하여 말하기'를 다음과 같은 구체적인 방법으로 가이드한다.

스텝 1. 화자의 말을 **'공감하여 듣기'** 한다.

앞 장에서 확인한 대로 영어를 들으면서 화자의 요지가 담긴 단어, 구문을 기억한 후 이를 노트에 적어본다. 들으면서 적는 것이 아니라, 모두 다 듣고 난 후에 적어야 한다. 노트에 적지 않고도 기억할 수 있다면 단어나 구문을 적지 않아도 좋다.

스텝 2. 기억하고 있는 요지를 **화자가 활용한 어휘 및 표현을 활용하여 요약**해 말해본다. 이때 다음의 원칙을 지킨다.

▪ 화자가 활용한 단어와 구문을 그대로 사용해야 한다.

▪ 한 단어 또는 구문은 한 문장으로만 활용한다.

▪ 가능한 내가 활용할 수 있는 문장으로 말해본다.

▪ 영어의 기본 4동사 make, have, give and take를 활용해도 좋다.

▪ 요약하여 말하기의 목표는 영어로 말해보는 것에 있기 때문에 오류가 있더라도 말해보자.

앞장에서 '공감하여 듣기'에서 연습한 영어 단어로 '요약하여 말하기'를 해보면 다음과 같다.

앞 장에서 세 번 **'공감하여 듣기'한 단어들**
want share realized
had conversation with teacher
after conversation understood she a lot of complain
about us

원어민의 단어를 활용해서 **나의 문장으로 요약하여 말하기**
I want to share … I realized.
I had conversation to my teacher.
After the conversation, I understood. She had a lot of
complains about us.

요약하여 말하기의 목표는 원어민과 같은 완벽한 문장을 말하는 것이 아니다. 내가 활용할 수 있는 수준의 문장으로 '말하기' 연습을 하는 것이다. 오류가 있더라도 화자와 동일한 의미를 전달하는 것을 목표로 할 때, '요약하여 말하기'의 부담을 내려놓고 더 많이 말하는 습관을 가질 수 있다. 이때 드러나는 오류는 **'교정 영어 14일의 홈트 Day 8. 비교하며 말하기'**에서 확인할 수 있다.

Day 7. 스토리 포커스

교정 부위 습관 교정 – 들은 내용이 기억나지 않는 습관
교정 대상
• 공감하여 들은 내용 중 일부만 기억하여 요약하여
  말하기(Day 6)가 어려운 사람
교정 목표
모든 내용이 아닌 스토리 관련 핵심 부분만 공감하여
들을 수 있다.

개념 이해하기

다음 지영이의 말을 듣고 그 내용을 기억해서 말해보자.

지영: 나는 수영이 너무 좋아. 작은 바닷가 마을이 고향이라 학교 끝나면 매일 친구들하고 수영하면서 놀았지. 이런 수영은 나의 유년 시절을 추억하게 만들기도 하지만, 최고의 운동 방법이기도 해. 수영하러 가면, 기본 3시간은 물에 있다 나오는 것 같아. 이렇

게 오랜 시간 물속에 있으면 체력 소모가 엄청나지. 그만큼 다이
어트 효과도 있어서 살을 빼야 할 때는 하루도 안 빠지고 수영하
러 가.

지영이의 수영 이야기를 듣고 나서, 수영에 대해 무슨 이야기를
했는지 요약해서 말해보자.

'수영이 좋은데, 어린 시절 추억이 있고, 체력 소모가 많아 다이
어트할 때 즐긴다.'

이 경우 핵심 메시지는 기억하고 있지만, '어린 시절 어떤 추억
이 있는지?', '어떻게 체력 소모가 되는지?', '다이어트하기 위해
어떻게 수영을 하는지?' 등의 구체적인 내용까지 기억하지 못한
다. 물론 반복해서 듣거나 노트에 기록하며 들으면 더 많은 내용
을 기억할 수 있겠지만, 이런 과정 없이 한 번에 세세한 내용들까
지 기억하기는 쉽지 않다.

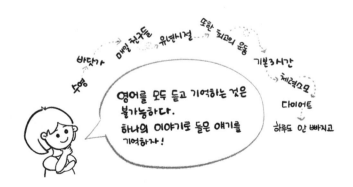

한가지 테스트를 해보자.

"어제 엄마와 저녁 먹으면서 한 이야기를 똑같이 말해봐라."

그럼 아마도 당신은 "그걸 어떻게 똑같이 기억해?"라며 반문할 것이다.

우리는 어제 한 말을 똑같이 기억하는 대신, 상황과 그 메시지를 다음과 같이 기억한다.

"엄마랑 저녁을 먹다가, 내가 밥을 잘 못 먹으니까, 엄마가 걱정을 하시며 내 건강에 대한 이야기를 했고, 결국 밥을 규칙적으로 먹는 것이 중요하다고 하셨어."

이런 식으로 어제 나눈 이야기를 기억하는 방식이 바로 '스토리 포커스' 방식이다.

누군가의 말을 상황과 스토리에 담아 기억하는 것은 당연하다. 그런데 왜 우리는 유독 영어를 대할 때는 다르게 생각할까? 상황과 스토리 모두 무시한 채, 뉴스 기사를 토씨 하나 틀리지 않게 외운다거나 심지어는 몇 달이 걸려서라도 책 한 권을 달달 외우려고 하니 말이다. **자연스러운 언어 활동은 암기해서 활용하는 것이 아니다. 누군가 말하는 그 맥락을 이해하고 메시지가 담긴 영어 단어를 다시 기억하면서 말해보는 것이다.**

하나의 스토리에 영어를 담아내는 연습을 하다 보면 '이걸 어떻게 다 기억할지?'라며 부담을 느끼게 된다. 하지만 이 모든 내용을 단번에 기억할 필요는 없다.

필자가 동시통역 수업을 들었을 때, 학생들 모두가 A4 한 장 분량의 내용을 단숨에 기억해 내곤 했다. 이것은 수개월 반복된 훈련의 결과였다. 오랜 시간 교정 영어 코칭을 받은 학생들 역시 연습을 반복할수록 한 번에 기억하는 내용의 길이가 점점 길어졌다. 그러므로 스토리에 포커스 하여 메시지 듣는 연습을 꾸준히 한다면, 나도 더 많은 내용을 기억할 수 있다.

영어 단어로 이해한 내용을 요약해서 말하라고 하면 대부분 어려워하거나 일부만 기억하여 말하는 경향이 있다. 그 이유는 길고 복잡한 내용 모두를 기억하려 애쓰기 때문이다.

이제 들리는 모든 영어 단어를 요약하여 말하려 하지 말자. 상대방이 나에게 말하고 있는 맥락을 파악하고, 하나의 주제와 관련해 화자가 어떻게 이야기를 풀어가는지 그 흐름에 집중하자. 더이상 기억할 내용이 넘쳐나서 힘들다고 느낄 일은 없다.

어떤 사람은 기억력이 좋아서 더 많은 내용을 기억하기도 한다. 그러나 필자의 20여 년의 영어 티칭 경험을 돌이켜보면, 대부분 사람들은 2단위 또는 8단위의 단어, 구문 또는 문장을 한 호흡으로 활용하여 이야기하거나 듣는다. 여기서 '우리의 기억력 한계'에 대해 이야기하려는 바는 아니다. 다만 우리가 한 호흡에 최대한 많은 내용을 담기 위해서는 어떠한 노하우가 필요한 것은 사실이다. 교정 영어에서는 이 노하우를 '스토리 포커스'로 가이드하고, 쉽게 요약하여 말하게 돕는다.

교정 영어 '스토리 포커스'의 구체적인 가이드는 다음과 같다.
스텝 1. 화자가 전하려는 말의 **'주제'를 명확하게 이해한다.**

스텝 2. 상대방의 **메시지가 담긴 영어 단어를 중심으로 듣는다.**
앞서 배운 '공감하여 듣기' 방식으로, 중요하다고 배운 문법이나 숙어가 아니라 화자가 전하려는 메시지에 집중한다.

스텝 3. 메시지가 담긴 단어들을 긴밀하게 연결하여 **하나의 스토리로 기억**한다.
예를 들면 아팠기 때문에 병원이나 휴식 등의 이야기가 나오게 되고, 병원 또는 휴식과 관련된 이야기가 이어진다. 이때 이어질 스토리를 내가 임의로 유추해서는 안 된다.

스텝 4. **접속사, 주어의 변화** 또는 **시간 부사**에 집중하며 **스토리 전개**를 따라간다.

이렇게 '스토리 포커스' 테크닉을 반복해서 연습하게 되면, 처음엔 들은 내용을 한두 개 기억하기도 어려워하지만 시간이 지나면 기억력의 길이가 여섯 개, 여덟 개, 열 개까지 늘어난다.

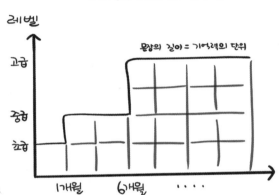

스토리 포커스 방식으로 요약하여 말하기 하면, 영어 **단어와 구문과 문장을 처리할 수 있는 내 머리의 용량 자체가 늘어난다.** 그 결과 내 언어 저장소에는 더 길고, 더 많은 어휘들이 담기고, 그중에서 하나를 선택해서 회화로 활용하기 수월해진다. **영어 말하기 단위**가 단어에서 구문으로, 구문에서 문장으로 **길어지면서** 우리는 더욱 유창하게 말하게 된다. 더 긴 호흡으로 유창하게, 더 다양한 어휘와 표현으로 정확하게 말하기 위해, 스토리에 더 많은 내용을 담아서 듣도록 꾸준하게 연습하자.

Day 8. 비교하며 말하기

> **교정 부위** 습관 교정 – 원어민 영어 말하기
>
> **교정 대상**
> - 스크립트를 봐도 나와 원어민 영어 말하기 방식의 차이를 구분하지 못하는 사람
> - 스크립트를 보면 필수 어휘나 문법에만 눈길이 가는 사람
>
> **교정 목표**
> '비교하며 말하기' 기법을 활용하여 나와 원어민 영어 말하기 방식의 차이를 좁힐 수 있다.

개념 이해하기

앞장에서 공감하여 듣고 이를 요약하여 말한 문장을 다시 기억해보자. 예문을 듣고 다음과 같이 공감하여 들었다.

want share realized

had conversation with teacher

after conversation understood she

a lot of complain about us

공감하여 듣기 한 표현들을 다음과 같이 내 문장으로 요약해서 말했다.

I **want** to **share** ... I **realized.**

I **had conversation to** my **teacher.**

After the **conversation,** I **understood.**

She had a lot of complains about us.

물론, 나의 영어 회화 실력에 따라 요약하여 말한 문장에는 오류가 있을 수 있지만, 요약하여 말하기는 영어로 말해보는 것 자체가 목적이기 때문에 오류는 크게 신경 쓰지 않았다.

다음 스텝으로 내가 요약하여 말한 문장을 원어민의 문장과 비교해 다르게 활용된 부분에 표시해본다.

"I want to share **what** I realized. **Yesterday,** I had **a** conversation **with the** teacher. After the conversation, I understood **that** she had as a lot of complaints about us **as we had.**

이렇게 다른 부분을 확인하는 과정을 통해서 나와 원어민의 영어 활용 방식의 차이를 비교할 수 있다. 예를 들어 내가 활용하지 못한 what 절, 시간의 부사 yesterday, a와 the의 관사, that 절, as 접속사 등을 채울 수 뿐만 아니라, 나는 'to'라고 한 부분을 원어민이 'with'로 활용한 것도 확인한다. 이는 내가 한 말을 원어민이 영어스럽게 수정해주는 것과 같은 효과가 있고, 이렇게 배운 표현은 영어 회화에 활용할 수 있다. 바로 이 과정을 통해서 나의 영어가 점점 **'원어민의 영어'를 닮아가게 된다.**

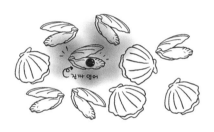

교정 영어에서는 이 과정을 '비교하며 말하기'로 가이드하고 있는데 그 방법은 다음과 같다.

스텝 1. 영어 음원을 **공감하여** 듣고 이를 **요약하여 말해본다.**
원어민의 문장과 나의 문장을 비교하기 위해 필요한 과정이다. 원어민과 이야기할 경우 동일한 주제에 대해 각자 이야기해본다.

스텝 2. 원어민의 문장을 **스크립트로 확인**한다.

스크립트를 한국말로 **해석하지 않고 소리 내 말해본다.**

스텝 3. 나와 다른 어휘와 표현 방식, 문장 구조를 확인한다.

'이런 동사는 나랑 다르게 쓰는구나', '이 표현은 내가 잘 안 쓰는구나' 이처럼 원어민의 영어 활용을 보면 **나와 다른 부분을 발견한다.** 하지만 다르게 활용된 부분이 아닌, 영어 공부하며 암기했던 표현이나 문법에만 자꾸 눈이 간다면 '**교정 영어 홈트 Day 9 공감하여 말하기**'에서 교정하자.

스텝 4. 듣지 못했던 어휘의 발음까지 확인해서 말해본다.

예를 들어 'C'를 '크'로 발음할지, '쓰'로 발음할지 확인해서 말해보자. 내가 몰랐던 단어의 발음까지 알고 들을 수 있게 되고, 영어 회화로 활용하기 쉬워진다.

다음의 실전 연습으로 앞장에서 배운 '공감하여 듣기', '스토리 포커스', '요약하여 말하기' 한 후 '비교하며 말하기'를 순서대로 연습해보자.

*요약하여 말하기가 어렵지 않다면 스토리 포커스는 생략해도 좋다.

실전 연습 1 (실전 연습용 음원 ≫ 책의 뒷날개 QR코드)

After work, I used to stay alone in a quiet mood. This setting allowed me to focus on my plans for the following day and my future business. After this time, I was usually full of insights and ideas to move forward. That's why I try to have this productive moment.

(퇴근 후, 나는 조용한 분위기에서 혼자 지내곤 했다. 이런 환경은 다음날 그리고 나의 미래 사업 계획에 집중할 수 있도록 했다. 이런 시간 후, 나는 주로 전진할 수 있는 통찰력과 생각들이 넘쳐났다. 이것이 내가 이런 생산적인 시간을 가지려는 이유이다.)

공감하여 듣기

메시지가 담긴 영어단어를 중심으로 **공감하여 듣는다.** 이때 모든 내용을 기억할 수 없다, 가능한 만큼만 기억하면 된다.

after work, stay alone, quiet mood, focus on, plans, following day and future business

after this, full of insights, ideas, move forward, try to have, productive moment

스토리 포커스

스텝 1. 화자가 전하려는 **'주제'**를 명확하게 **이해**한다.

퇴근 후의 시간을 어떻게 보내는지 이야기하고 있다.

스텝 2. 메지지가 담긴 단어들을 긴밀하게 **스토리 포커스**하여 기억한다. 이때 모든 내용을 기억하는 것이 아니라, **스토리를 중심으로 가능한 만큼만 기억**하면 된다.

after work (일과 후에)

stay alone (혼자 있는데)

quiet mood (혼자 조용해야 하고)

focus on (조용하니깐 집중이 되고)

plans, following day and future business

(집중은 다음날, 미래 사업에 대한 계획이다)

after this (이후)

insights, ideas (통찰력 과 아이디어)

move forward (이 통찰력과 아이디어들은 전진하게 하고)

try have, productive moment

(이 전진하는 생산적인 순간을 가지려 노력)

스텝 3. **접속사, 시간 부사, 그리고 주어의 변화**에 집중하며 스토리 전개를 따라간다.

After work 처음 이야기의 시작은 '퇴근 후'로 시작한다.

After this 이야기는 '집중의 시간을 가진 후'로 전개된다.

요약하여 말하기

'스토리 포커스' 한 음원의 내용을 '요약하여 말하기' 한다. 요약하여 말하기의 핵심 목표는 영어로 말해보는 것이다. 따라서 오류는 크게 신경 쓰지 말자.

After work, I stay alone at a quiet mood.

I can focus on plans about following day and future business.

After this, I can have many insights and ideas so I can move forward.

That's why I try to have this productive moment.

비교하며 말하기

스텝 1. 스크립트를 읽으며 나와 **다른 어휘와 표현 방식 그리고 문장 구조에** 표시한다.

After work, I **used to** stay alone **in** a quiet mood. **This setting allowed me** to focus on my plans **for** the following day and **my** future business. After this **time, I was usually full of** insights and ideas to **move** forward. That's why I try to have this productive moment.

스텝 2. 듣지 못했던 **어휘를 발음해 보고 영어 회화에 활용**한다.

실전 연습 2 (실전 연습용 음원 ≫ 책의 뒷날개 QR코드)

I often have fun with my neighbors. There are endless conversations because there are many common interests such as culinary hobbies and children of the same age. Having a home party every Sunday to ask after each other is our weekend routine. Thanks to this close relationship, our village is always filled with a warm atmosphere.

(나는 종종 이웃과 즐거운 시간을 보냅니다. 취미, 같은 나이의 아이들과 같은 공

통 관심사가 많기 때문에 끊임없는 대화를 나눕니다. 매주 일요일에 집에서 파티를 열어서 서로의 안부를 묻는 것이 우리의 주말 일상입니다. 우리가 이렇게 친밀한 덕분에 우리 마을은 항상 따뜻한 분위기가 넘쳐납니다.)

공감하여 듣기

메시지가 담긴 영어단어를 중심으로 **공감하여 듣는다.** 이때 모든 내용을 기억할 수 없다, 가능한 만큼만 기억하면 된다.

fun with my neighbors, endless conversations, many common interests, hobbies, children, every Sunday, home party, ask after, routine, close relationship, warm atmosphere

스토리 포커스

스텝 1. 화자가 전하려는 '주제'를 **명확하게 이해**한다.

이웃들과 어떻게 시간을 보내는지에 대해서 이야기 하고 있다

스텝 2. 메시지가 담긴 단어들을 긴밀하게 **스토리 포커스**하여 기억한다. 이때 모든 내용을 기억하는 것이 아니라, **스토리를 중심으로 가능한 만큼만 기억**하면 된다.

fun with my neighbors (이웃과 즐거움)

endless conversations (즐거운 끝없는 대화)

many common interests (대화는 공통의 관심사)

hobbies, children (공통의 관심사는 취미와 아이들)

every Sunday (매주 일요일)

home party, ask after, routine (홈 파티, 루틴)

close relationship, warm atmosphere

(이 루틴은 관계를 가깝게 하고 따뜻한 분위기)

스텝 3. 접속사, 시간 부사 그리고 주어의 변화에 집중하며 스토리 전개를 따라간다.

Often 종종 일어나는 일상으로 이야기를 시작한다.

Every Sunday 이야기는 '매주 일요일'로 전개된다.

'스토리 포커스'한 음원의 내용을 '요약하여 말하기' 한다. 요약하여 말하기의 핵심 목표는 영어로 말해보는 것이다. 따라서 오류는 크게 신경 쓰지 말자.

I have fun with my neighbors.

We have endless conversations because we have many common interests such as hobbies and children age.

Every Sunday, we have home party and ask after each other. It is our routine.

We have close relationship so our town has full of warm atmosphere.

비교하며 말하기

스텝 1. 스크립트를 읽으며 나와 **다른 어휘와 표현 방식 그리고 문장 구조에 표시**한다.

I **often** have fun with my neighbors. **There are** endless conversations because **there are many** common interests **such as culinary** hobbies and **children of the same age. Having** a home party every Sunday **to** ask after each other is **our weekend routine. Thanks to this** close relationship, **our village** is **always filled with a** warm atmosphere.

스텝 2. 듣지 못했던 **어휘를 발음해 보고 영어 회화에 활용**한다.

실전 연습 3 (실전 연습용 음원 ≫ 책의 뒷날개 QR코드)

Whenever I think of my future, many ideas come to my mind. The dominant idea is my future house. That dream house in my imagination has a large garden. Many puppies are running and playing in the garden. And that garden is also a space for my children to play games. To make my future perfect, I also need my lifelong friend husband as well.

(나의 미래에 대해 생각할 때마다 많은 생각들이 떠오릅니다. 대부분의 생각은 내 미래의 집입니다. 나의 상상 속 꿈의 집에는 넓은 정원이 있습니다. 많은 강아지들이 그 정원에서 뛰어놀고 있습니다. 그리고 그 정원은 아이들이 게임을 할 수 있는 공간이기도 합니다. 나의 완벽한 미래를 만들기 위해서는 평생 친구인 아내도 반드시 필요합니다.)

공감하여 듣기

메시지가 담긴 영어 단어를 중심으로 **공감하여 듣는다.** 이때 모든 내용을 기억할 수 없다, 가능한 만큼만 기억하면 된다.

Think of my future, many ideas

my future house, dream house, garden, puppies
running, children, games
my future perfect, also husband

스토리 포커스

스텝 1. 화자가 전하려는 '**주제**'를 **명확하게 이해**한다.

나의 미래, 그중에서도 꿈의 집에 대해서 이야기하고 있다.

스텝 2. 메시지가 담긴 단어들을 긴밀하게 **스토리 포커스**하여 기
억한다. 이때 모든 내용을 기억하는 것이 아니라, **스토리를 중심
으로 가능한 만큼만 기억**하면 된다.

think of my future (미래에 대한 생각)

many ideas (그 생각은 많은 아이디어)

my future house (아이디어는 나의 미래의 집)

dream house, garden (꿈의 집은 정원)

puppies running, children, games
(정원은 뛰노는 강아지, 게임하는 아이들)

my future perfect, also husband
(완벽한 건, 신랑도 역시)

스텝 3. **접속사, 시간 부사 그리고 주어의 변화**에 집중하며 스토
리 전개를 따라간다.

Whenever I think 이야기는 '나'로 시작한다.

At that time, future **house** 이야기는 '미래의 집'으로 전개된다.

My **future** 이야기는 '나의 미래'로 마무리된다.

요약하여 말하기

'스토리 포커스' 한 음원의 내용을 '요약하여 말하기' 한다. 요약
하여 말하기의 핵심 목표는 영어로 말해보는 것이다. 따라서 오류
는 크게 신경 쓰지 말자.

When I think of my future, I have many ideas.

I usually think about my future house.

My dream house has a big garden.

My puppies are running in the garden.

And in that space, my children play games.

To make my future perfect, I also need my husband like friend.

비교하며 말하기

스텝 1. 스크립트를 읽으며 나와 **다른 어휘와 표현 방식 그리고 문장 구조에 표시**한다.

Whenever I think of my future, many ideas **come to mind. The dominant idea** is my future house. That dream **house in my imagination** has a **large** garden. Many puppies are running **and playing** in the garden. And that **garden is also a space for my children to** play games. To make my future perfect, I also need **my lifelong friend** husband **as well.**

스텝 2. 듣지 못했던 **어휘를 발음해 보고 영어 회화에 활용**한다.

개념 복습하기

비교하여 말하기의 목적은 문법과 어휘를 암기하는 것이 아니라, 화자가 나와 어떻게 다르게 전달하는지 명확하게 구분하는 것이다. 먼저 원어민의 표현을 '나의 영어 회화로 활용할 수 있을지 없을지'를 고민한다. 그리고 '내 것처럼 자연스럽게' 말할 수 있을 때까지 반복해서 말해본다. 이렇게 반복해서 말하다 보면 그 어휘나 표현을 자연스럽게 영어 회화로 활용하게 된다.

Day 9. 공감하며 말하기

교정 부위 습관 교정 – 영어 읽고 말하기
교정 대상
· 스크립트를 보면 중요한 어휘나 문법만 보여서
  비교하며 말하기(Day 8)가 어려운 사람
교정 목표
내가 원어민과 다르게 활용하는 표현을 이해하고
이를 회화에 활용한다.

개념 이해하기

영어 원어민의 문장을 보다 보면, 우리는 종종 자신의 **듣기 실력에 좌절**한다.

"아, 이 단어였어? 이거 수능 공부할 때 엄청 외웠던 단어인데···
영어 듣기가 약하니, 아는 단어마저 안 들리는구나."

또 사전으로 모르는 단어를 찾다 보면, 자신의 **암기력을 탓**한다

"아, 맞다! 이 단어, 외워본 적 있는데… 막상 말로 하려니 기억이 안 나네. 내 암기력에 심각한 문제가 있는 모양이야."

왜 우리는 '아는 단어'를 듣지 못하고, 활용하지 못하는 걸까?

대부분의 '아는 영어 단어'는 '시험에 자주 나오는 어휘', '꼭 알아두어야 하는 숙어'들로 우리가 손으로 써보고 눈으로 익혀 암기한 것들이다. 하지만 어떻게 발음되는지 확인하지 않는다. 이 때문에 눈으로만 '아는 단어'일 뿐, **귀로 듣고 활용하지 못하는 '반쪽짜리 단어'**다. 그래서 이런 단어들을 스크립트에서 보게 되면 자연스럽게 눈이 가며 또다시 암기할 태세를 취한다. 아는 어휘와 숙어에 자동으로 눈이 가는 이런 습관은, 비교하며 말하기에 좋지 않다.

연기자들의 '대본 리딩' 현장을 떠올려보자. 연기자들은 대본을 읽으며 실제 연기 상황에서 어떻게 활용할지를 고민한다. '아, 이런 표현은 내가 자주 쓰고, 좋아하는 표현이네', '이 표현은 익숙하지 않아서 말할 때 엉키는걸' 이렇듯 대사를 활용할 길을 곰곰이 생각한다. 예를 들어 '바쁘다'를 말하기 위해 '아! 바빠 죽겠어'라고 할지, '눈코 뜰 새도 없이 바쁘다'라고 해야 적절한지를 살핀다. 그러기 위해 캐릭터가 활용한 어휘, 표현의 작은 차이까지 명확하게 구분한다.

이는 습관처럼 '어떤 중요한 숙어나 문법들이 활용되었는지'부터 확인하려는 우리의 영어 공부법과 다르다.

교정 영어는 연기자들과 같은 '대본 리딩'하는 방식으로 '공감하여 말하기'를 가이드한다. 이는 '나와 다르게 활용하는 원어민의 표현'을 영어 회화에 활용하기 위해 매우 효과적인 방법이기 때문이다.

다음에서 그 구체적인 방법을 확인하고 숙어나 문법이 아닌 **회화에 활용할 수 있는 표현**에 집중해보자.

스텝 1. 영어 음원을 **공감하여 듣고 이를 요약하여 말해본다.** 원어민의 문장과 나의 문장을 비교하기 위해 필요한 과정이며 비교하며 말하기의 첫 스텝과 같다.

스텝 2. 원어민의 문장을 스크립트로 보며, **화자의 메시지가 담긴 영어 단어에 표시한다.** 앞장의 '공감하여 듣기'와 똑같이 화자의 메시지가 담긴 영어 단어에 집중한다. 이때 스크립트를 보며 **메시지가 담긴 영어 단어 모두**에 표시한다.

스텝 3. **메시지가 담긴 단어**를 말하면서 **그 세세한 의미까지 이해**한다. 중요한 숙어나 문법이 아닌, 화자가 전하려는 메시지를 세부적으로 이해하여 내가 요약하여 말한 문장과 다르게 활용한 부분을 확인한다. 예를 들어 'be going to'와 같은 문법 대신 'I really like it,'의 **'really'**와 같은 화자의 세부적인 메시지에 집중하고, 나의 'I like it.'과 비교해 본다.

이어지는 연습 문제를 통해 '공감하며 말하기'를 연습해보자.

실전 연습 1 (실전 연습용 음원 ≫ 책의 뒷날개 QR코드)

스텝 1. 영어 음원을 **공감하여** 듣고 이를 요약하여 **말해본다.**

I usually listen to music on my cell phone on my way to school. I put on earphones and focus on the music. Since the school is an hour's drive from home, listening to music will make me less bored.

(나는 보통 학교 가는 길에 휴대폰으로 음악을 듣습니다. 이어폰을 끼고 음악에 집중합니다. 학교가 집에서 차로 한 시간 거리에 있기 때문에, 음악을 들으면서 지루함을 덜 느낄 수 있습니다.)

스텝 2. 원어민의 문장을 스크립트로 보며, **화자의 메시지가 담긴 영어 단어에 표시한다.**

listen to music, cell phone, to school,

earphones, focus on music,

an hour's drive from home, less bored

스텝 3. **메시지가 담긴 단어**를 말하면서 **세세한 의미까지 이해**하고, 스텝 1에서 요약해서 말한 문장과 다른 부분을 확인한다.

1) **usually** listen to music, **my** cell phone, on **my way** to **school**

· 동사 listen은 전치사 to와 호응 한다는 문법보다 메시지가

담긴 usually(종종)에 집중.

· on my way to '~가는 길'이라는 숙어보다 메시지가 담긴 my way, school(내가 학교 가는 길)에 집중.

2) **put on** earphones, focus on **the** music

· wear와 put on이라는 표현의 차이를 구분하기보다 메시지가 담긴 put on(낀다)에 집중.

· focus 뒤에는 전치사 on이 온다는 문법보다 메시지가 담긴 the(그)에 집중.

3) **school, an hour's** drive from home, **will** make me **less bored.**

· since 접속사보다 메시지가 담긴 school(학교)에 집중.

· an hour's drive라는 표현보다 메시지가 담긴 an hour(한 시간)에 집중.

· make someone + 형용사 문법보다 메시지가 담긴 will(미래), less bored(덜 지루하게)에 집중.

학교 가는 버스

실전 연습 2 (실전 연습용 음원 ≫ 책의 뒷날개 QR코드)

스텝 1. 영어 음원을 **공감하여 듣고 이를 요약하여 말해본다.**

I watch foreign movies with my friends and go to the downtown cinema on weekends. I know it's always crowded on weekends, but the atmosphere is so good. You are also able to enjoy popcorn and movies on the big screen.

(나는 외국 영화를 친구와 보기 때문에 주로 주말에 시내에 있는 영화관에 갑니다. 주말에는 항상 북적거린다는 것을 알지만 그런 분위기는 좋습니다. 또한 나는 팝콘을 먹고 큰 스크린으로 영화를 볼 수 있습니다.)

스텝 2. 원어민의 문장을 스크립트로 보며, **화자의 메시지가 담긴 영어 단어에 표시한다.**

foreign movies, friends
downtown cinema, weekends always crowded
but, good
also enjoy popcorn, big screen

스텝 3. **메시지가 담긴 단어**를 말하면서 **세세한 의미까지 이해**하고, 스텝 1에서 요약해서 말한 문장과 다른 부분을 확인한다.

1) watch foreign **movies** with my **friends**

· movie는 동사 watch와 호응 한다는 문법보다 메시지가 담긴 movies(영화들)에 집중.

· with '~와 함께'라는 문법보다 메시지가 담긴 friends(친구들)에 집중.

2) I **know** it's always **crowded** on weekend**s**,

· I know that절의 that이 생략되었다는 문법보다 메시지가 담긴 know(안다)에 집중.

· be crowded with '북적이다'는 문법보다 메시지가 담긴 crowded(붐비다)와 weekends('매'주말)에 집중.

3) **but** the atmosphere is so **good**

· atmosphere라는 새로운 표현보다 메시지가 담긴 but, good(그러나, 좋다)에 집중.

4) You are also able to **enjoy popcorn**, and movies on the big screen

· be able to 문법보다 메시지가 담긴 also able(또한 가능하다), enjoy popcorn(팝콘을 즐기다)에 집중.

· 전치사 on의 문법보다 메시지가 담긴 movies(영화들), big screen(큰 스크린)에 집중.

바스락
바스락

깔깔깔깔

실전 연습 3 (실전 연습용 음원 ≫ 책의 뒷날개 QR코드)

스텝 1. 영어 음원을 **공감하여 듣고 이를 요약하여 말해본다.**

A nice place for us to meet is the park. It is very spacious. It also has beautiful scenery and lush leaves. When we are there, we can forget the sadness and have peace of mind. That's why we meet regularly in the park every Sunday morning.

(만남을 갖기 좋은 장소는 그 공원입니다. 그곳은 매우 넓습니다. 또한 경치가 아름답고 나뭇잎이 울창합니다. 거기에 있을 때, 우리는 슬픔과 걱정을 잊고 마음의 평화를 얻을 수 있습니다. 이러한 이유로 우리는 매주 일요일 아침 정기적으로 모임을 갖습니다.)

스텝 2. 원어민의 문장을 스크립트로 보며, **화자의 메시지가 담긴 영어 단어에 표시한다.**

nice place, meet, park, spacious
beautiful scenery, lush leaves
forget sadness, have peace
meet regularly, every Sunday morning

스텝 3. **메시지가 담긴 단어**를 말하면서 세세한 의미까지 이해하고, 스텝 1에서 요약해서 말한 문장과 다른 부분을 확인한다.

1) nice **place** for us to **meet, park,** very **spacious**

· for 의미상의 주어 + to 부정사라는 문법보다 메시지가 담긴 place, meet, park, spacious(장소, 만남, 공원, 넓은)에 집중.

· 새로운 표현 spacious는 말하기 실력 향상을 위해 잘 정리해둔다.

2) It **also** has **beautiful** scenery and lush **leaves**

· scenery와 lush라는 새로운 표현보다 메시지가 담긴 also, beautiful, leaves(또한, 아름다운, 잎들)이라는 메시지에 집중.

· 새로운 표현 scenery와 lush는 말하기 실력 향상을 위해 잘 정리해둔다.

3) When we are **there**, we can **forget** the **sadness** and have **peace** of mind

· when이라는 접속사보다 메시지가 담긴 there, forget, sadness(거기에, 잊는다, 슬픔)에 집중.

· ~of mind의 전치사 수식 구조보다 메시지가 담긴 peace(평화)에 집중.

4) That's why we **meet regularly** in the **park every Sunday morning**

· that's why라는 표현보다 메시지가 담긴 meet regularly, park every Sunday morning(정기적으로 만난다, 공원에서 매주 일요일 아침)에 집중.

개념 복습하기

사람들은 알고 있는 표현과 문법, 그리고 말하는 의도가 각자 다르기 때문에 다양한 방식으로 말한다. '**매일** 공부를 열심히 하는 것, **혼자** 공부를 열심히 하는 것, **학원에서** 공부를 열심히 해야 하는 것'. 이 모두 '공부를 열심히 하는 것'으로 동일하게 이해할 수 있지만, 화자는 '매일'과 '혼자' 또는 '학원에서'라는 전혀 다른 의도로 말하고 있다. 즉, 화자가 전하려는 메시지를 명확하게 이해하는 것이 중요하다. 그리고 어떤 표현으로 각각의 메시지를 전달하는지 꼼꼼하게 확인하고 영어 회화에 활용하자.

공감하며 말하기를 하는 과정에서 발견한 모르는 문법은 '**교정 영어 홈트 Day 13. 9칸 영문법**'에서 내 수준에 필요한 문법인지, 영어 회화 실력 향상을 위해 필요한 문법인지 확인하자.

Day 10. 발음과 리듬 듣기

교정 부위 습관 교정 – 영어 발음과 리듬

교정 대상

· 영어의 '중요한 발음'을 모르는 사람

· 영어의 '연음 법칙'을 모르는 사람

· 영어의 리드미컬한 요소 '강세, 억양, 호흡, 장단의 법칙'을 모르는 사람

교정 목표

영어에 중요한 발음과 리드미컬한 요소를 이해하며 들을 수 있다.

개념 이해하기

우리는 지금까지 영어를 배우면서 발음의 중요성을 배웠다. 한국어에는 없고 영어에만 있는 **중요한 발음**을 먼저 살펴보자.

1) **f** vs. **p**

football의 /f/ 는 '윗니를 아랫입술에 얹어놓고 바람이 새는 듯' 발음한다.

prepare의 /p/는 '두 입술을 붙이고 소리가 터지는 듯' 발음하며, 한국어의 /프/와 비슷하다. 하지만 대부분의 한국 사람들은 f를 p처럼 두 입술을 붙이고 /프/로 발음한다.

2) v vs. b

voice의 /v/ 는 /f/ 와 같이 '윗니를 아랫입술에 얹어놓고 바람이 새는 듯' 발음한다.

boy의 /b/는 /p/와 같이 '두 입술을 붙이고 소리가 터지는 듯' 발음하며, 한국어의 /브/와 같다. 하지만 대부분의 한국 사람들은 v를 b처럼 두 입술을 붙이고 /브/로 발음한다.

3) r vs. l

root의 /r/ 는 혀에 힘을 주고 그 중간을 누르며 혀의 뒤쪽에서 발음한다. 하지만 대부분의 한국 사람들은 혀를 동그랗게 말아 혀의 앞에서 /르/ 로 발음한다. 실제 /r/은 혀만 동그랗게 말아서 앞에서 소리 내는 /르/보다 훨씬 더 뒤에서 발음한다.

let의 /l/ 은 입술이 양쪽으로 팽팽하게 당겨진 긴장 상태에서 입술의 양쪽 끝에서 소리가 새면서 나는 발음이다. 이는 우리나라의 /르/와 달리 긴장된 입술의 양쪽에서 발음한다.

4) th

think의 /θ/ 는 혀를 윗니와 아랫니 사이에 두고 바람이 새는 소리로 한국어의 /쓰/를 발음한다. 이는 우리나라의 /쓰/와 달리 이빨 사이로 소리가 새는 발음이다.

the의 /ð/ 도 혀를 윗니와 아랫니 사이에 두고 바람이 새는 소리로 한국어의 /드/를 발음한다. 이를 혀로 이빨 뒤를 터치하며 우리나라의 /드/처럼 /d/로 발음하면 안 된다.

영어 발음을 정확하게 하면, 과연 나와 원어민의 영어가 똑같이 들릴까? 아니다. 영어 원어민은 단어와 단어를 부드럽게 연결하여 말하는 반면, 내 영어는 부자연스럽게 뚝뚝 끊겨 들린다. 다음의 주요 **연음 법칙**을 확인하여 부드럽게 연결하는 방법을 알아보자.

1) 앞 단어가 자음으로 끝나고 뒤에 모음으로 시작되는 단어는 두 소리를 붙여서 말한다.
예) keep it [킾 잇 -> 키핏], get out [겥 아웃 -> 게타웃]

2) s 뒤에 p,t,k가 오면 뒷소리가 된소리로 발음한다.
예) speak [스삐크] , stop [스똡], skip [스낍]

3) 같은 자음이 겹쳐 있으면 한 번만 발음한다.

예) appear [어피어], common [커몬]

　나의 영어가 원어민의 영어와 똑같이 들리기 위해 발음과 연음을 익혀 연습하는 것은 어렵지 않다. 하지만 발음과 연음을 정확하게 구사한다고 해도 나의 메시지가 영어로 정확하게 전달되는 것은 아니다. 그 이유는 무엇일까? 바로 영어에 중요한 '리드미컬한 요소'를 놓치고 있기 때문이다.

　영어는 강세, 박자, 그리고 억양 등의 요소가 중요한 리듬 언어이다. 다음에서 영어의 리드미컬한 요소를 확인해보자.

단어의 강세

　영어 단어는 대부분 강세를 가지고 있다. 단어의 모음에 강세를 가지며, 강세를 받는 단어는 강하고 길게(1박자) 발음한다. 다음에서 강세의 종류를 확인해보자.

1) 강세어 : 의미를 전달하는 **'내용어'**가 대부분이다.
・명사, 동사, 명사를 수식하는 형용사, 동사나 문장을 수식하는 부사
・특정의 것을 지시하는 지시사
・의미상 중요한 의문사, 감탄사, 문장의 부정어, 역접의 접속사

2) 비 강세어 : 문장에서 문법적 역할을 담당하는 **'기능어'**가 대부분이다.

　· 관사, 전치사, 접속사, 명사를 대신 받는 대명사
　※대명사 중 목적격 대명사는 예외적으로 강세어에 속한다.

　· be동사, 조동사

문장의 억양

　대부분 단어의 강세에 따라 문장의 억양이 만들어진다. 하지만 대표적인 문장의 억양도 있다. 각 문장의 억양을 다음에서 확인해보자.

　1) 평서문 : 문장의 마지막 단어의 강세에서 올린 후, 문장 끝에서 떨어지는 레이징 앤 폴링(raising and falling) 억양.

　2) 의문문 : wh 의문문을 제외한 모든 의문문은 문장 끝이 올라가는 레이징(raising) 억양.

3) and와 or 또는 if 절과 같이 단어나 문장이 연결될 경우 마지막 단어를 제외하고 모두 올려주는 레이징 레이징 앤 폴링 (raising, raising and falling) 억양.

문장의 호흡

한국어에서도 호흡에 따라 '아버지가 방에 들어가신다'와, '아버지 가방에 들어가신다'의 뜻이 완전히 달라진다. 영어에서도 그 호흡을 명확하게 활용하지 못하면 그 의미가 달라진다.영어의 호흡 규칙을 다음에서 확인해보자.

1) 주어+동사+목적어 뒤, 주어가 길면 주어 뒤
2) 접속사 관계대명사 앞
3) 전치사 구 앞

4) 준동사(부정사, 동명사, 분사) 앞, 전치사 앞, 관계대명사 앞, 세미콜론 앞

5) 여러 단어가 모여 하나의 뜻을 이루는 숙어와 전치사 구, 고유명사는 끊어 읽지 않는다

모음의 장단

단어를 길고, 짧게 소리 내느냐에 따라 단어의 의미가 달라지기 때문에 주의해야 한다. 영어의 장단을 다음에서 확인해보자.

1) 장음으로 발음하는 경우

· 대부분의 이중 모음 예) ea, oo, ai, ei, ou …

· 모음 i와 o 뒤에 둘 이상의 자음이 따라 나오는 경우

예) child, cost …

· 단어에 모음이 하나이고 그 위치가 마지막에 있는 경우

예) go, me …

2) 단음으로 발음하는 경우

· 기본 모음 예) a, e, i, o, u

· 모음 뒤에 ck가 따라 나오는 경우 예) clock, block …

영어의 리드미컬한 요소를 확인하며 다음 예문의 영어 리듬을 들어보자.

실전 연습 1 (실전 연습용 음원 ≫≫ 책의 뒷날개 QR코드)

I usually listen to music on my cell phone on my way to school. I put on earphones and focus on the music. Since the school is an hour's drive from home, listening to music will make me less bored.

(저는 보통 학교 가는 길에 휴대폰으로 음악을 듣습니다. 이어폰을 끼고 음악에 집중합니다. 학교가 집에서 차로 한 시간 거리에 있기 때문에, 음악을 들으면서 지루함을 덜 느낄 수 있습니다.)

(단어의 강세는 볼드, 문장의 억양은 화살표, 호흡은 마디, 모음의 장단은 : 로 표시함)

I **u**su:ally **li**sten to m**u**sic | on my c**e**ll phone | on my w**a**y

to sch**oo**:l.

I **pu**t on **ear**phones | and f**o**cus on the m**u**sic.

Since the sch**oo**:l is an h**o**urs dr**i**ve | from h**o**me, |

listening to m**u**sic | will m**a**ke m**e**: l**e**ss b**o**:red.

실전 연습 2 (실전 연습용 음원 ≫≫ 책의 뒷날개 QR코드)

I watch foreign movies with my friends and go to the downtown cinema on weekends. I know it's always crowded on weekends, but the atmosphere is so good. You are also able to enjoy popcorn and movies on the big screen.

(저는 외국 영화를 친구와 보기 때문에 주로 주말에 시내에 있는 영화관에 갑니다. 주말에는 항상 북적거린다는 것을 알지만 그런 분위기는 좋습니다. 또한 저는 팝콘을 먹고 넓은 스크린으로 영화를 볼 수 있습니다.)

(단어의 강세는 볼드, 문장의 억양은 화살표, 호흡은 마디, 모음의 장단은 :로 표시함)

I w**a**tch f**o**reign m**o**:vies | with my fr**ie**nds | and g**o**: to the downt**o**wn c**i**nema | on w**ee**:k**e**nds.

I kn**o**w | it's **a**:lways cr**o**wded | on w**ee**:k**e**nds, | but the **a**tmosphere is s**o** g**oo**:d.

You are **a**:lso **a**ble to **e**njoy p**o**pc**o**:rn | and m**o**:vies | on the b**i**g scr**ee**:n.

실전 연습 3 (실전 연습용 음원 ≫ 책의 뒷날개 QR코드)

A nice place for us to meet is the park. It is very
spacious. It also has beautiful scenery and lush leaves.
When we are there, we can forget the sadness and have
peace of mind. That's why we meet regularly in the park
every Sunday morning.

(만나기 좋은 장소는 공원입니다. 이곳은 매우 넓습니다. 또한 경치가 아름답고
나뭇잎이 울창합니다. 거기에 있을 때면 우리는 슬픔과 걱정을 잊어버리고 마음의
평화를 얻을 수 있습니다. 이러한 이유로 우리는 매주 일요일 아침 정기적으로 모임
을 갖습니다.)

(단어의 강세는 볼드, 문장의 억양은 화살표, 호흡은 마디, 모음의 장단은 :로 표시함)

A n**i**ce pl**a**ce for **u**s to m**ee**:t | is the p**a**:rk. | It is v**e**ry

sp**a**cious.

It **a**:lso h**a**s b**eau**:tiful sc**e**:nery | and l**u**sh l**ea**:ves. |

When we are th**e**re, | we can f**o**rget the s**a**dness | and have pea:ce of mind.

That's why | we mee:t regularly | in the pa:rk every

Sunday mo:rning.

개념 복습하기

지금까지 영어의 다양한 리드미컬한 요소들을 확인했다. 그러나 영어의 리듬을 귀로 들어본 적이 없는 우리로선 이를 구분해 듣기가 쉽지 않다. 영어의 리듬을 듣기 위해서는 우선 눈으로 리듬을 구분해서 말해보고, 그 리듬을 다시 들어봐야 한다.

이어지는 '**교정 영어 Day 11. 리듬 마디로 말하기**'에서 어떻게 영어의 리듬에 맞춰 말하는지 연습하고, 원어민의 리듬을 다시 들어보자.

Day 11. 리듬 마디로 말하기

> **교정 부위** 습관 교정 – 영어의 리듬 마디
> **교정 대상**
> • 영어 원어민 말을 들을 때, 영어 리듬을 구분해서
>   듣지 못하는 사람
> • 영어를 한국말과 같은 모노톤(mono tone, 한 톤)의
>   리듬으로 말하는 사람
> **교정 목표**
> '영어의 리듬 마디'를 구분하여 영어를 리드미컬하
> 게 말할 수 있다.

개념 이해하기

다음 문장을 중국어로 번역해 보았다.

"영어는 리듬 언어입니다."

語言是一種節奏語言.

Yǔyán shì yīzhǒng jiézòu yǔyán.

중국어를 읽어 보려는데, 발음기호 위에 표기된 다양한 기호들

이 눈에 띈다. 이것은 음의 높낮이를 표시하는 중국어의 '성조'로 총 4종류가 있다. 특히, 중국어는 성조에 따라 그 의미가 달라지기 때문에 성조에 맞춰 정확하게 말하는 것이 중요하다.

영어에도 중국어 성조처럼 강세, 장단, 호흡 등의 리드미컬한 요소가 있다. 이 요소에 맞춰 말하지 않을 경우 의미가 달라질 수 있기 때문에, 리듬에 맞춰 정확하게 말하는 것이 중요하다. 하지만 영어의 리드미컬한 요소는 중국어 성조와 달리 크게 강조되고 있지 않아, 그 리듬을 듣고 그대로 따라 말하는 것을 한국 사람들은 어려워한다.

'Day 10. 발음과 리듬 듣기'에서 영어의 리드미컬한 요소들을 확인했다고 하더라도, 수년 동안 영어 리듬을 몰랐던 우리로선 그 리듬을 듣고 똑같이 말해보는 것은 쉽지 않다. 교정 영어는 영어

의 리듬을 듣고 말하기 위해 '리듬 마디'로 끊어 말하도록 가이드
한다. 노래를 배울 때 한 마디 한 마디 그 음과 박자를 확인하며
노래하듯이, 영어 문장도 '영어 리듬 마디'로 끊어보면 그 리듬을
배우기 쉬워진다.

처음 듣는 노래를 배울 때 어떻게 하는가? 먼저 노래를 처음부
터 끝까지 듣고 전체 멜로디를 확인한다. 그런 다음 가사를 확인
하고 마디 단위로 끊어 악보 위의 음과 박자, 호흡, 그리고 강세를
확인해서 불러본다. 이렇게 끊어서 연습한 리듬을 마지막에 모두
연결하여 하나의 멜로디로 부른다. 이렇게 한 마디씩 끊어 연습하
는 과정에서 음정, 박자, 호흡, 강세를 정확하게 확인하고 완벽한
리듬으로 노래를 부를 수 있다.

문제는 이렇게 마디 단위로 노래를 부르게 되면, 가사도 마디에
맞춰 쪼개진다는 것이다. 가사가 의미 단위로 쪼개지면, 가사의
메시지를 이해하기 어려워진다. 예를 들어 '어제 밤에 네가 그리
워 밤새 한숨도 못 잤어'라는 가사를 마디로 부르면 어떻게 될까.
'어제 밤', '에 네가 그', '리워 밤새 한', '숨도', '못 잤어'처럼 쪼개
져 본래 가사의 의미를 이해하기 어렵게 된다.

'영어 리듬'도 마찬가지다. 영어 리듬은 메시지 단위가 아닌, 리

듬 마디로 철저하게 끊어진다. 따라서 우리가 지금까지 암기했던 구문과 표현들이 리듬 마디에 맞춰 쪼개지게 된다. 예를 들어 'as soon as possible' 같은 한 덩어리의 숙어는 'as soon | as possible'의 마디로 잘린다. 'I am sure that' 같은 문법 구조는 'I am sure | that'처럼 어색하게 끊긴다. 처음에는 어색하게 느껴질 수 있다. 하지만 영어 리듬을 정확하게 확인하는 것에만 집중하고, 리듬 단위로 연습하자.

'리듬 마디로 말하기' 가이드를 다음에서 자세하게 확인하자.

스텝 1. 강세 단어를 확인한다. (강세에 볼드로 표시)

스텝 2. 단어의 장음과 단음을 확인한다. (장모음에 : 표시)

스텝 3. **비 강세 단어 앞에 '리듬 마디'를 그려 호흡한다.**
(호흡은 | 마디로 표시)

스텝 4. 강세는 한 박자, 비 강세는 반 박자 이하로 말한다.
이때, ⤴ 표시가 있는 모음은 억양을 올렸다 내리고,
↗ 표시가 있는 모음에서 억양을 올린다.

스텝 5. 리듬 마디에 따라 영어를 말해본다.

이때 절대로 영어를 의미 단위로 붙여 말하지 않는다. 나의 잘못된 리듬을 수정하기 위해서 철저하게 리듬 마디로 말해야 한다.

스텝 6. 원음을 들으면서 리듬 법칙에 맞춰 말해본다.

앞장의 'Day 10. 발음과 리듬 듣기'에서 확인한 예문으로 '리듬 마디로 말하기' 해보자.

실전 연습 1 (실전 연습용 음원 ≫ 책의 뒷날개 QR코드)
다음의 음원으로 리듬마디로 말해보자.

I usually listen to music on my cell phone on my way to school. I put on earphones and focus on the music. Since the school is an hour's drive from home, listening to music will make me less bored.

(저는 보통 학교 가는 길에 휴대폰으로 음악을 듣습니다. 이어폰을 끼고 음악에 집중합니다. 학교가 집에서 차로 한 시간 거리에 있기 때문에, 음악을 들으면서 지루함을 덜 느낄 수 있습니다.)

스텝 1. 강세 단어를 확인한다. (강세에 볼드로 표시)

스텝 2. 단어의 장·단음을 확인한다. (장 모음에 : 표시)

스텝 3. 비 강세 단어 앞에 '리듬 마디'를 그려 호흡한다.
(호흡은 | 마디로 표시)

스텝 4. 강세는 한 박자, 비 강세는 반 박자 이하로 억양에 맞춰
말한다. **(리듬 들어보기 ≫ 책의 뒷날개 QR코드)**

I **u**su:ally **li**sten | to m**u**sic | on my c**e**ll ph**o**ne | on my

w**a**y | to sch**oo**:l.

I p**u**t | on **ea**rphones | and f**o**cus | on the m**u**sic.

Since the sch**oo**:l | is an h**o**ur's dr**i**ve | from h**o**me, |

listening | to m**u**sic | will m**a**ke m**e**: l**e**ss b**o**:red.

스텝 5. 리듬 마디에 따라 위의 영어 문장을 말해본다.

스텝 6. 스텝 5에서 연습한 리듬 마디로 끊지 않고 전체 문장을 자연스럽게 말해본다.
원음을 들으면서 리듬 법칙에 맞춰 말해본다.

실전 연습 2 (실전 연습용 음원 ≫ 책의 뒷날개 QR코드)

I watch foreign movies with my friends and go to the downtown cinema on weekends. I know it's always crowded on weekends, but the atmosphere is so good. You are also able to enjoy popcorn and movies on the big screen.

(저는 외국 영화를 친구와 보기 때문에 주로 주말에 시내에 있는 영화관에 갑니다. 주말에는 항상 북적거린다는 것을 알지만 그런 분위기는 좋습니다. 또한 저는 팝콘을 먹고 넓은 스크린으로 영화를 볼 수 있습니다.)

스텝 1. 강세 단어를 확인한다. (강세에 볼드로 표시)

스텝 2. 단어의 장·단음을 확인한다. (장 모음에 : 표시)

스텝 3. 비 강세 단어 앞에 '리듬 마디'를 그려 호흡한다.
(호흡은 | 마디로 표시)

스텝 4. 강세는 한 박자, 비 강세는 반 박자 이하로 억양에 맞춰 말한다. (리듬 들어보기 ≫ 책의 뒷날개 QR코드)

I w**a**tch f**o**reign m**o**:vies | with my fri**e**nds | and g**o**: | to the downt**o**wn c**i**nema | on wee:k**e**nds.

I kn**o**w | it's **a**:lways cr**o**wded | on wee:k**e**nds, | but the **a**tmosphere | is so g**oo**d.

You are **a**:lso **a**ble | to **e**njoy p**o**pco:rn | and m**o**:vies | on the b**i**g scr**ee**:n.

스텝 5. 리듬 마디에 따라 위의 영어 문장을 말해본다.

스텝 6. 스텝 5에서 연습한 리듬 마디로 끊지 않고 전체 문장을 자연스럽게 말해본다. 원음을 들으면서 리듬 법칙에 맞춰 말해 본다.

실전 연습 3 (실전 연습용 음원 ≫≫ 책의 뒷날개 QR코드)

A nice place for us to meet is the park. It is very spacious. It also has beautiful scenery and lush leaves. When we are there, we can forget the sadness and have peace of mind. That's why we meet regularly in the park every Sunday morning.

(만나기 좋은 장소는 공원입니다. 그곳은 매우 넓습니다. 또한 경치가 아름답고 나뭇잎이 울창합니다. 거기에 있을 때면 우리는 슬픔과 걱정을 잊어버리고 마음의 평화를 얻을 수 있습니다. 이러한 이유로 우리는 매주 일요일 아침 정기적으로 모임을 갖습니다.)

스텝 1. 강세 단어를 확인한다. (강세에 굵은 글씨 표시)

스텝 2. 단어의 장·단음을 확인한다. (장 모음에 : 표시)

스텝 3. 비 강세 단어 앞에 '리듬 마디'를 그려 호흡한다. (호흡은 | 마디로 표시)

스텝 4. 강세는 한 박자, 비 강세는 반 박자 이하로 억양에 맞춰 말한다. (**리듬 들어보기 ≫≫ 책의 뒷날개 QR코드**)

A nice place | for us | to mee:t | is the pa:rk. | It is very

spacious. |

It a:lso has beau:tiful sce:nery | and lush lea:ves. |

When we are there, | we can forget | the sadness | and

have pea:ce | of mind.

That's why | we mee:t regularly | in the pa:rk every

Sunday mo:rning.

스텝 5. 리듬 마디에 따라 위의 영어 문장을 말해본다.

스텝 6. 스텝 5에서 연습한 리듬 마디로 끊지 않고 전체 문장을 자연스럽게 말해본다. 원음을 들으면서 리듬 법칙에 맞춰 말해 본다.

개념 복습하기

'리듬 마디로 말하기' 연습을 하다 보면, 문장의 호흡이 너무 자주 끊긴다는 느낌을 받을 수 있다. 하지만 당장 신경 쓸 문제는 아니다. '리듬 마디로 말하기'의 목적은 영어식 리듬을 배우는 것이다. 따라서 일단 리듬 마디로 모두 끊어서 강세, 비 강세, 장음과 단음, 호흡 원칙을 정확하게 확인하는 데 초점을 맞추자. 차츰 영어의 호흡이 익숙해지면서, 정확한 리듬으로 영어를 말하고 있는 자신을 발견하게 될 것이다.

우리는 한국어 모노톤(mono tone, 한 톤)에 오랫동안 익숙해져 있다. 아무리 영어 리듬 법칙을 배웠다 하더라도, 모노톤의 리듬을 단번에 다이나믹(dynamic, 역동적)하게 바꾸기는 어렵다. 그렇기 때문에 영어 리듬 마디를 더욱더 나에게 익숙한 호흡으로 모두 끊어 말하며 연습하는 것이 중요하다. 이렇게 해야만 한국인의 고질적인 리듬 오류가 교정될 수 있다.

참고로 연습 후 영어 원음을 들어보면 비 강세로 연습한 부분이 오히려 강세로 세게 말하거나, 강세라고 한 부분이 약하게 말하는 경우가 있다. 이것은 화자의 의도나 상황에 따라 변칙적으로 활용된 것으로 이해하면 된다. 이번 홈트의 핵심은 리듬 원칙에 따라 정확하게 영어 리듬을 연습하고 익히는 것이다. 리듬 연습할 때만큼은 '원칙'에 더욱 집중하자

Day 12. 필사하며 말하기

교정 부위 습관 교정 – 영어 문법

교정 대상
- 음원을 반복해서 들어도 관사나 전치사 등 세부 문법이 안 들리는 사람
- 스크립트를 봐도 어떤 문법이 활용되었는지 몰라, 회화로 활용하기 어려운 사람

교정 목표
보고 들어도 구분하지 못하는 영문법을 필사로 익혀 영어회화 실력을 향상시킨다.

개념 이해하기

앞 장에서 들은 예문을 확인해보자.

I want to share what I realized. Yesterday, I had a conversation with the teacher. After the conversation, I understood that she had as a lot of complaints about us as we had about her.

(나는 내가 깨달은 것을 공유하고 싶습니다. 어제 선생님과 대화를 나눴습니다. 대화를 마치고, 나는 우리가 선생님에 대해 불만을 가진 것처럼 선생님도 우리에게 많은 불만이 있다는 것을 이해했습니다.)

앞장 '**Day 4. 공감하여 듣기**'에서 우리는 한국어 해석 없이 '**영어 단어**'에 집중해 메시지를 들었다.

want, share, realized

had conversation, with teacher

after, conversation, understood she

a lot of complain, about us

이때, **영어 단어에 집중**하느라 **문장 구조는 파악하지 못했다.**

또한, 앞장 '**Day 6. 요약하며 말하기**'에서 '**주어와 동사**'의 문장의 구조에 집중했다.

I want to share ... I realized.

I had conversation with my teacher.

After the conversation, I understood.

She had a lot of complains about us.

그러나 내 영어의 한계 때문에 '**주어와 동사**' 문장 구조가 **반복적이고 제한적**이었다.

'Day 8. 비교하며 말하기'에서는 원어민의 문장 구조에 집중했다.

I want to share **what** I realized.

Yesterday, I had a conversation with the teacher.

After the conversation, I understood **that** she had as a lot of complaints about us **as we had about her.**

그 결과, 나와 다른 원어민의 다양한 문장 구조를 배울 수 있었다. 하지만 전치사, 관사, 수 일치 등의 세부적인 문법은 확인할 수 없었다.

이제, 교정 영어 '필사하며 말하기'에서 이런 세부적인 문법을 채우도록 하자. 앞에서 공감하여 듣고, 요약하고 비교하며 말한 예문을 '필사하며 말하기' 해보자.

I **want** to share what I **realized.**

"아하! want는 현재 시제, realized는 과거 시제로 활용했구나!"

Yesterday, I had **a** conversation with **the** teacher.

"아하! 이렇게 관사가 있었구나. 들을 땐 몰랐는데 써 보니까 알겠네."

After the conversation, I understood that she had as a lot of complaints about us as we had about her.

"**understand that...?** 어디선가 본 적 있는 것 같은데, **'that'**이 무슨

뜻이지?"

필사를 하다 보면 마지막 문장 'that'처럼 모르는 문법이 등장할 수 있다. 대부분 나의 말하기 수준보다 높은 문법들로, '필사하며 말하기'에서 반드시 채우고 넘어가야 한다. 그래야 같은 문법을 다른 문장에서 구분해서 들을 수 있고 회화로 활용할 수 있다.

'필사하며 말하기' 과정에서 채울 수 있는 부분들은 다음과 같다.

- 비 강세 관사, 전치사, 접속사 등의 기능어
- 동사의 시제와 수 일치
- 한 번도 들어본 적이 없고, 뜻도 모르는 새로운 어휘
- 귀로 듣고 눈으로 봐도 이해되지 않는 문법

앞장 'Day 11. 리듬 마디로 말하기'에서 확인한 예문을 '필사하며 말하기' 해 보자.

실전 연습 1

I usually listen to music on my cell phone on my way to school. I put on earphones and focus on the music. Since the school is an hour's drive from home, listening to music will make me less bored.

(저는 보통 학교 가는 길에 휴대폰으로 음악을 듣습니다. 이어폰을 끼고 음악에 집중합니다. 학교가 집에서 차로 한 시간 거리에 있기 때문에, 음악을 들으면서 지루함을 덜 느낄 수 있습니다.)

I usually listen to music on my cell phone on my way to school.

I put on earphones and focus on the music.

"아, earphone은 양쪽이기 때문에 earphones의 's'가 붙고 '그' 음악이라 'the'가 붙는구나."

Since the school is an hour's drive from home, listening to music will make me less bored.

*이 중 일부의 내용은 'Day 8. 공감하며 말하기'에서 구분되기도 한다.

실전 연습 2

I watch foreign movies with my friends and go to the downtown cinema on weekends. I know it's always crowded on weekends, but the atmosphere is so good. You are also able to enjoy popcorn and movies on the big screen.

(저는 외국 영화를 친구와 보기 때문에 주로 주말에 시내에 있는 영화관에 갑니다. 주말에는 항상 북적거린다는 것을 알지만 그런 분위기는 좋습니다. 또한 저는 팝콘을 먹고 넓은 스크린으로 영화를 볼 수 있습니다.)

I watch foreign movies with my friends and go to the downtown cinema on weekends.

"아, movies, friends, weekends 모두 's'가 붙어서 영화'들', 친구'들', '매' 주말이라고 하는구나."

I know it's always crowded on weekends, but the atmosphere is so good.

"앞 문장처럼 weekends에 's'가 붙어서 '매' 주말이라고 하는구나."

You are also able to enjoy popcorn and movies on the big screen.

"앞 문장처럼 movies에 's'가 붙어서 영화'들'이라고 하는구나."

*이 중 일부의 내용은 'Day 8. 공감하며 말하기'에서 구분되기도 한다.

실전 연습 3

A nice place for us to meet is the park. It is very spacious. It also has beautiful scenery and lush leaves. When we are there, we can forget the sadness and have peace of mind. That's why we meet regularly in the park every Sunday morning.

(만나기 좋은 장소는 공원입니다. 그곳은 매우 넓습니다. 또한 경치가 아름답고 나뭇잎이 울창합니다. 거기에 있을 때면 우리는 슬픔과 걱정을 잊어버리고 마음의 평화를 얻을 수 있습니다. 이러한 이유로 우리는 매주 일요일 아침 정기적으로 모임을 갖습니다.)

A nice place for us to meet is the park.

"아, '한' 장소라 'a' nice place라고 하는구나."

It is very spacious.

It also has beautiful scenery and lush leaves.

"아, 나뭇잎은 하나가 아니기에 's'가 붙어서 leaves라고 하는구나."

When we are there, we can forget the sadness and have peace of mind.

That's why we meet regularly in **the** park every Sunday morning.

"아, '그' 공원이라 'the'가 붙는구나."

*이 중 일부의 내용은 'Day 8. 공감하며 말하기'에서 구분되기도 한다.

개념 복습하기

'필사하며 말하기'를 하다 보면 눈으로 봤을 때는 이해되지 않지만, 써보면 이해되는 문법들이 있다. 반면, 손으로 써봐도 이해되지 않는 문법들도 있다. 이런 부분은 모두 필사하며 말하기에서 채워 영어 회화로 활용하자. 특히 어느 문법이 내 수준에 맞는지, 한 단계 높은 수준인지는 **'교정 영어 Day 13. 9칸 영문법'**에서 구체적으로 확인할 수 있다.

Day 13. 9칸 영문법

> **교정 부위** 습관 교정 – 영어 문법
>
> **교정 대상**
> · 영문법을 제대로 공부해본 적이 없어 영어 회화가
>   자신 없는 사람
> · 필사를 해도 이해 안 되는 영문법이 있는 사람
>
> **교정 목표**
> 나에게 꼭 필요한 영문법을 채워 영어를 정확하게 말
> 할 수 있다.

개념 이해하기

영어 공부 꽤나 해본 쥬니와 상우의 대화를 들어보자.

쥬니: 야, 내가 토익 공부 꽤 오래 해봐서 웬만한 문법은 다 알거
든. 근데 그거 다 필요 없어. 알면 뭐 해? 영어로 말할 때는 하나도
활용하지 못하는걸.

상우: 맞아, 지금까지 고등학교 3학년까지 펼쳐본 영문법 책만

몇 개냐? 내가 영문법 공부한 시간만큼 영어로 말을 잘할 수 있으면 나도 당장 유엔에서 스피치도 할 수 있겠다.

한국에서 영어 공부를 해본 사람이라면 누구나 공감하는 생각이다. '해도 해도 끝이 없고, 반복해 외워도 모르겠다'는 느낌. 더 중요한 건 열심히 영문법을 공부해도 '영어 회화가 쉬워지지는 않는다'는 것이다. 과연, 영어로 말을 잘하기 위해서 영문법이 필요할까? 결론부터 말하면 영문법은 영어로 말하기 위한 법칙이기 때문에 반드시 필요하다.

그렇다고 영문법 책 한권을 모두 공부하라는 것은 아니다. 그보다는 영문법의 큰 틀에서 이해하는 것이 중요하다. 즉 지금 내 수준의 회화에서 활용해야 될 문법은 무엇이며, 회화 실력 향상을 위해 알아야 될 문법은 무엇인가를 파악하는 것이다. 다음에서 우리말 발달 과정을 이해하며 영문법의 필요성을 확인하자.

한 돌이 된 준우.
"엄~마", "아~빠"
하나의 낱말을 사용하여 의사를 전달한다. 문법보다는 다양한 어휘를 익혀야 하는 시기다.

두 돌이 된 준우.

"엄마, 맘~마", "아빠, 지지"

두 낱말을 연결하여 자신의 의사를 전달하고는 있지만 아직 문법을 이해하기 어렵다.

어린이가 된 준우.

"엄마, 나 밥 줘.", "아빠, 그거 더러워."

문장의 형태를 갖추고는 있지만 낱말들이 연결되어 있을 뿐, 정확하게 의사전달 되지는 않는다. 곧 유치원에 입학해야 하는 준우는 좀 더 정확하게 말하기 위해 문법을 배워야 한다.

문법을 배운 어린이 준우.

"엄마, 저에게 밥을 주세요.", "아빠, 그것은 너무 더러워요."

낱말과 낱말을 연결하는 문법을 구사하는 단계로, 주어 동사와 목적어를 구분할 수 있다. 더불어 저'에게' 밥'을' 그것'은' 등과 같이 조사를 구체적으로 사용한다.

초등학생이 된 준우.

"어머니, 배가 너무 고프니, 밥 먼저 주는 것을 잊지마세요."

"아버지, 그것은 너무 더러우니, 쓰레기통에 버리는 것을 잊지마세요."

이 단계에서는 **구문** 단위의 문법을 구사한다. '버리는 것, 주는 것' 등 동사의 **품사를 변형**하고, **접속사를** 활용하여 **두 문장을 연결**한다.

중학생이 된 준우.

"엄마! 내가 엄마가 만든 반찬만 먹는 거 알지? 빨리 밥 줘! 배 엄청 고프다니까!"

"아빠, 그거 새똥이 묻은 뚜껑이라 더러워. 빨리 쓰레기통에 버리라니까."

이 단계에서는 **문장** 단위의 문법을 구사한다. 한 **문장이 다른 사물을 수식**하거나, 긴 **두 문장을 한 호흡**으로 연결한다. 문법은 우리말 발달과정에서 자신의 의사를 **정확하게 전달**하고, 상대방과 **원활하게 소통**하는 데 필요하다. 영문법의 필요성은 영어에서도 동일하다.

다음에서 '9칸 영문법'과 수준별 영어 말하기 목표를 확인하고, 그 목표에 따라 필요한 영문법이 무엇인지 명확하게 하자.

9칸 영문법

문장성분	형용사	명사	부사	문장단위
주어 동사 I like	형용사 pretty	명사 doll	전치사구 for my playroom	초급=단어
	분사 (=to부정사) talking doll	동명사 (=to부정사) buying doll	to부정사 to play with	중급=구문
	관계대명사 a doll that I can put in my room.	명사절 (의문사절) that I buy a doll for my room.	관계부사 where I can play with a doll.	고급=문장 *접속사활용

9칸 영문법의 '**열**'은 구성 성분의 역할을 의미한다.

1열 형용사

2열 명사

3열 부사

9칸 영문법의 '**행**'은 수준별 문장을 의미한다.

1행 초급 문장 I like a pretty doll for my playroom.

2행 중급 문장 I like a talking doll to play with. I like buying(=to buy) a doll to play with.

3행 고급 문장 I like a doll that I can put in my room where I can play with it. I like that I buy a doll for my room where I can play with it. I like a talking doll because I want to play with it.

9칸 영문법의 '칸'은 각각 문장의 성분과 그 품사를 의미한다.
1행 3칸 초급 문장의 성분 형용사, 명사, 전치사구
2행 3칸 중급 문장의 성분 분사, 동명사, to 부정사
3행 3칸 고급 문장의 성분 관계대명사, 명사절(의문사절), 관계부사

수준별 영어 말하기 목표

목표 1. 여행이나 일상생활에서 영어로 의사소통하면 좋겠다.
목표 문장 = 9칸 영문법 1행
I like a pretty doll **for** my playroom.

목표 문법 = 9칸 영문법 1행 3칸
주어, 동사, 목적어 등 각 낱말 품사와 낱말을 연결하는 전치사의 활용

'우리말 발달 과정'으로 이해하기
▷ **현재**
"엄마, 나, 밥!", "아빠, 그것, 더러!"

⇨ 목표

"엄마, 저**에게** 밥을 주세요.", "아빠, 그것**은**, 너무 더러워요."

목표 2. 나의 의사를 오해없이 구체적으로 영어로 말했으면 좋겠다.

목표 문장 = 9칸 영문법 2행

I like a **talking** doll to play with. I like **buying(=to buy)** a doll to play with.

목표 문법 = 9칸 영문법 2행 3칸

동사구의 다양한 품사 변형 분사, 동명사, to 부정사의 활용

'우리말 발달 과정'으로 이해하기

⇨ **현재**

"엄마, 저에게 밥을 주세요.", "아빠, 그것은, 너무 더러워요"

⇨ **목표**

"어머니, 배가 너무 **고프니**, 먼저 밥 **주는 것**을 잊지 마세요."

"아버지, 그것은, 너무 **더러우니**, 쓰레기통에 **버리는 것**을 잊지 마세요."

목표 3. 회의 등에서 복잡한 개념을 정확하게 영어로 말해야 한다.

목표 문장 = 9칸 영문법 3행

I like a doll **that** I can put in my room where I can play with it. I like **that** I buy a doll for my room where I can play with it. I like a talking doll **because** I want to play with it.

목표 문법 = 9칸 영문법 3행 3칸

문장의 다양한 품사 변형 대명사, 명사절, 의문사 절, 관계 부사 절의 활용 두 문장을 연결하는 접속사의 활용

'우리말 발달 과정'으로 이해하기

▷ **현재**

"어머니, 배가 너무 고프니, 먼저 밥 주는 것을 잊지 마세요."

"아버지, 그것은, 너무 더러우니, 쓰레기통에 버리는 것을 잊지 마세요."

▷ **목표**

"엄마~! 내가 **엄마가 만든 반찬**만 먹는 거 알지? 빨리 밥 줘! 배 엄청 고프다니까."

"아빠, 그거 **새똥이 묻은 뚜껑**이라 더러워. 빨리 쓰레기통에 버리라니까."

위의 영문법 외에도 더 많은 세부 영문법이 있지만, '9칸 영문법'의 목적은 나의 영어 회화 목표에 필요한 영문법을 확인하는데 있다는 점을 기억하자.

개념 복습하기

모든 영문법을 채워서 더 완벽한 영어를 말하려 애쓰지 말자. 그보다는 '지금 내 영어 회화 수준에서 무엇을 채워야 하는지', '앞으로 어떤 부분을 더 채워야 하는지'를 영문법의 큰 틀 안에서 이해하자. 9칸 영문법은 '내게 필요한 영문법'이 무엇인지 알려주는 이정표가 되어줄 것이다.

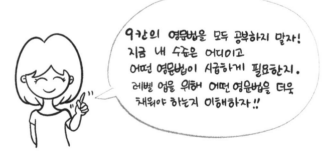

Day 14. 쉐도우 스피킹

교정 부위 습관 교정 – 영어 독학 방법

교정 대상
- 쉐도우 스피킹을 꾸준히 해왔지만 영어 말하기가 늘지 않는 사람
- 영어회화 독학하는 방법을 모르는 사람

교정 목표
정확한 쉐도우 스피킹 방법으로 영어회화를 독학할 수 있다.

개념 이해하기

영어로 말을 잘하는 사람들은 쉐도우 스피킹으로 영어 말하기 연습을 하고 실력을 향상시킨다. 특히 쉐도우 스피킹으로 영어 말하기를 향상시키려면, 그 정확한 방법을 아는 것이 중요하다. 교정 영어에서는 쉐도우 스피킹 방법을 다음의 다섯 가지 방법으로 가이드한다. 이 방법은 앞서 확인한 영어로 말 잘하는 사람들의 다섯 가지 습관과 동일하다.

스텝 1. 공감하여 듣기

한국어로 해석하지 않고 화자의 메시지가 담긴 영어 단어만 듣는다. 이때 메시지가 담기지 않는 문법적인 요소는 듣지 않는다.

스텝 2. 요약하여 말하기

화자의 단어를 그대로 활용하여 나의 문장으로 말해본다. 이때 원어민과 동일한 문장으로 말할 필요는 없다.

스텝 3. 비교하며 말하기

스크립트를 보며 나와 원어민의 영어 활용 방식을 비교하며 말해본다. 그러면 내가 '스텝 1. 공감하여 듣기'에서 듣지 못한 단어와 문법이 무엇인지 알게 된다.

스텝 4. 발음과 리듬 듣기

영어의 주요 발음과 강세, 억양, 호흡들을 구분하고 영어의 특징적인 발음과 리듬을 듣는다.

스텝 5. 필사하며 말하기

스크립트를 보며 화자의 문장을 베껴 써본다. 이때, 귀로 듣고 눈으로 보지 못했던 단어와 문법들이 무엇인지 알게 된다.

위의 쉐도우 스피킹의 각 스텝은 우리가 한국말을 배우는 과정과 동일하다.

스텝 1의 공감하여 듣기는 '말을 많이 듣는 것'과 같다.

스텝 2의 요약하여 말하기는 '들은 말을 활용해서 많이 말해보는 것'과 같다.

스텝 3의 비교하며 말하기는 '나의 말과 사람들의 말을 비교해보는 것'과 같다.

스텝 4의 발음과 리듬 듣기는 '내 수준의 다양한 어휘를 정확하게 배우는 것'과 같다.

스텝 5의 필사하며 말하기는 '글쓰기를 통해 말하기 수준을 향상시키는 것'과 같다.

더욱이 쉐도우 스피킹은 원어민의 영어를 현지에서 배우는 것과 유사한 환경을 제공한다.

첫째, 현지에서 무수히 많은 원어민의 영어를 듣는 것은 '공감하여 듣기'와 동일하다.

둘째, 현지의 다양한 상황 속에서 원어민과 영어로 대화하는 것은 '요약하며 말하기'와 같다.

셋째, 나와 다르게 말하는 원어민의 영어 표현과 문장을 듣는 것은 '비교하며 말하기'와 같다.

넷째, 나와 다르게 말하는 원어민의 영어 발음과 리듬을 들으며 배우는 것은 '발음과 리듬 듣기'를 통해서 가능하다.

다섯째, 현지에서 각종 양식이나 리포트 등 다양한 서류를 영어로 써볼 기회를 갖는 것은 '필사하며 말하기'와 같다.

쉐도우 스피킹은 우리에게 익숙한 암기하고 쓰고 영작하는 방식과 다르기 때문에 다음의 주의 사항을 숙지해서 연습해야 한다.

첫째, 화자가 전하는 **메시지를 이해하며** 쉐도우 스피킹 하자.

우리는 말을 할 때, 내가 무슨 메시지를 전하려는지 이해하며 말한다. 말하기인 '쉐도우 스피킹'도 이와 같다. 음원 속 화자가 전달하려는 메시지를 이해하며 말해야 한다. 'Day 5. 패럿 리핏팅'의 앵무새처럼 그 소리만 쫓아 쉐도우 스피킹 하면 아무런 효과를 얻을 수 없다.

둘째, **충분히 반복해서 말해본 후** 쉐도우 스피킹 하자.

나에게 익숙하지 않은 표현은 한번에 쉐도우 스피킹하기 어렵다. 그래서 쫓아 말하지 못하고 놓치게 된다. 이렇게 엉키는 부분은 최소 3번, 많게는 10번 이상 충분히 반복해 말해본 후 쉐도우 스피킹 하면 수월하게 말할 수 있다.

개념 복습하기

이젠 영어로 말 잘하는 습관 '쉐도우 스피킹' 장착하고 나에게 꼭 맞는 영어 음원을 찾아나서자. **쉐도우 스피킹은 영어로 말을 잘하기 위해 꼭 가져야 할 습관이자, 영어 말하기 트레이닝의 종착역이다.**

[교정 영어 14일의 홈트 활용법]

Day 1~Day14에서 확인한 교정영어 14일의 홈트 과정을 정리하면 다음과 같다.

스텝 1. 영어의 주요 4동사로 영어식 사고 이해하기

스텝 2. 드로잉 기법과 영어 단어로 생각 정리로 영어식 접근법 이해하기

스텝 3. 문장의 기틀 세우기 위해 '한 사람 묘사'로 수준 별 문장 이해하기

스텝 4. 공감하여 듣기로 영어를 한국어 해석 없이 영어로 듣기
*공감하여 듣기가 되지 않을 때 패럿 리핏팅

스텝 5. 요약하여 말하기로 공감하여 들은 내용을 내 수준의 문장으로 말하기
*요약하여 말하기가 되지 않을 때 스토리 포커스

스텝 6. 비교하며 말하기로 나와 원어민 영어 말하기 방식의 차이를 좁히기
*비교하며 말하기가 되지 않을 때 공감하며 말하기

스텝 7. 발음과 리듬 듣기로 중요 발음과 영어의 리드미컬한 요소를 이해하기
*발음과 리듬 듣기가 되지 않을 때 리듬 마디로 말하기

스텝 8. 필사하며 말하기로 영문법을 필사로 익히고 이해하기
*필사하며 말하기가 되지 않을 때 9칸 영문법

스텝 9. 쉐도우 스피킹으로 영어 회화 독학하는 습관 기르기

교정 영어 14일의 홈트를 마치고!

단바리: 어라, 이젠 영어를 들으면 영어 단어가 들리면서 영어로 이해가 되네.

꽁다리: 맞아, 굳이 한국말로 해석하지 않아도 무슨 말을 하는지 알 수 있어야 해.

단바리: 그뿐만이 아냐. 내가 하고 싶은 말도 한국말로 주저리주저리 마구 쏟아지지 않고, 영어 단어로 메시지가 딱딱 정리가 돼.

꽁다리: 그렇게 영어 단어로 생각이 나야 돼. 그래야 영작 없이 영어로 말할 수 있는 거라고. 영어 단어만으로도 깔끔하게 내 메시지가 정리되기 때문에 굳이 복잡한 문장을 활용하지 않아도 되는 거야.

단바리: 예전에는 무슨 말을 해야 할지 막막하기만 했어. 그런데 진짜로 내가 하고 싶은 말이 무엇인지부터 생각하게 되니까 영어로 말이 술술 나오네. 내가 하고 싶었던 말이 없었다는 것을 왜 몰랐을까? 그리고 하고 싶은 말들이 생기니 그 메시지가 이미지처럼 더 구체적으로 이해되더라고.

꽁다리: 이젠 알겠지, 지금까지는 영어를 못 했던 게 아니라 하고 싶었던 말을 못 찾았던 거라는 사실?

단바리: 또 신기한 점이 뭐냐 하면, 영어를 들을 때 강세 억양 같

은 리듬이 들려. 그래선지 영어로 말할 때도 리드미컬해진 듯해. 아직은 익숙하지 않아서 조금 어색하긴 하지만… 그래도 변화가 생긴 건 확실해.

꽁다리: 이제 너도 리드미컬한 영어가 들린다는 거네. 맞아, 그렇게 영어를 들어야 흉내 내서 말할 수도 있는 거야.

단바리: 영문법도 그래. 이전에는 무식하게 영문법 책 한 권 몽땅 공부하려고 했어. 이제는 내가 어느 부분을 채워야 할지 명확하게 알겠더라고. 그 부분만 채우면 되니까, 부담도 좀 덜한 것 같고.

꽁다리: 그 많은 영문법을 어떻게 다 공부하니? 우리가 모든 말을 국어 문법에 맞게 말하지 않듯이, 영어 원어민들도 영문법이 다 맞는 게 아니라고. 필요한 것부터 하나둘씩 채우면 되는 거야.

단바리: 무엇보다, 그동안 어렵고 힘들게만 느껴지던 영어가 즐거워졌어.

꽁다리: 지금까지 힘들었던 영어는 잊어. 그리고, 이제 나랑 영어로 즐겁자!

단바리: 응, 고마워.

에 . 필 . 로 . 그 .

단숨에 '한국에서 영어로 즐겁게 말할 수 있는 노하우'를 '교정 영어 14일의 홈트'에 담아냈다. 단숨이라고 하기엔 그간의 자료를 모으고, 다듬고, 만들어 내는 과정만 20년이 걸린 것이 사실이다. '남들과 다르고 싶어서'라기 보단, '나와 달리 영어와 힘겹게 씨름하는 사람들이 안타까워서' 나만의 방식으로 영어 말하기 현장을 지켜왔고, 이를 책으로 엮어냈다.

개념부터 생소하던 '교정 영어'를 정의 내리기까지, 부족했던 많은 부분을 애정으로 채워주던 모든 학생 분들의 얼굴이 주마등처럼 스쳐 지나간다. 특히 교정 영어 뿐만 아니라, 필자 스스로의 부족함 마저 풍성하게 채워주는 평생 든든한 지원군 내 '강아지 URer'들에게 머리 숙여 감사의 마음을 전한다.

'언젠가는 끝이 있겠지'라는 생각으로 묵묵히 달려온 지난 20년. 이렇게 탈고를 하며 감사의 인사를 나누는 순간, 만감이 교차한다. 무엇보다 마지막까지 이 책이 세상에 나올 수 있도록 물심양면으로 도와주신 가시고기 조창인 작가님, 우키마, 베레카 권, 윤지은님. 또한 지금껏 언제나 변함 없는 큰 사랑 주시는 엄마, 아빠. 언제나 바쁜 며느리, 곁에서 살뜰하게 챙겨주시는 시부모님께도 깊은 감사의 말씀을 전한다.

지금까지 걸어온 길 만큼, 내가 걸어갈 길을 보여 주시는 하느님과, 그 길을 언제나 함께 걸어갈 내 인생의 든든한 동반자 맥스, 엄마의 에너지 우리 테디에게도 넘치는 사랑을 보낸다.